ABRA ESPAÇO PARA O SEU MILAGRE

MAHESH & BONNIE
CHAVDA

ABRA ESPAÇO PARA O SEU MILAGRE

[Libere o poder da ressurreição em sua vida]

Vida

Editora Vida
Rua Isidro Tinoco, 70 Tatuapé
CEP 03316-010 São Paulo, SP
Tel.: 0 xx 11 2618 7000
Fax: 0 xx 11 2618 7030
www.editoravida.com.br

Copyright ©2009 por Mahesh Chavda e Bonnie Chavda
Originalmente publicado em inglês sob o título
Make Room For Your Miracle
por Chosen, uma divisão de Baker Publishing Group, Grand Rapids, Michigan, 49516, USA.
Todos os direitos reservados.
© edição brasileira, 2011.

∎

Todos os direitos desta tradução em língua portuguesa reservados por Editora Vida.

Proibida a reprodução por quaisquer meios, salvo em breves citações, com indicação da fonte.

∎

Editor-responsável: Sônia Freire Lula Almeida
Editor-assistente: Gisele Romão da Cruz Santiago
Tradução: Emirson Justino
Revisão de tradução: Rodolfo Ortiz
Revisão de provas: Andrea Filatro
Projeto gráfico e diagramação: Claudia Fatel Lino
Capa: Arte Peniel

Scripture quotations taken from *Bíblia Sagrada, Nova Versão Internacional, NVI* ®
Copyright © 1993, 2000 by International Bible Society ®.
Used by permission IBS-STL U.S.
All rights reserved worldwide.
Edição publicada por Editora Vida, salvo indicação em contrário.

Todas as citações bíblicas e de terceiros foram adaptadas segundo o Acordo Ortográfico da Língua Portuguesa, assinado em 1990, em vigor desde janeiro de 2009.

1. edição: jul. 2011

Dados Internacionais de Catalogação na Publicação (CIP)
(Câmara Brasileira do Livro, SP, Brasil)

Chavda, Mahesh
   Abra espaço para o seu milagre: libere o poder da ressurreição em sua vida / Mahesh Chavda e Bonnie Chavda; [tradução Emirson Justino]. — São Paulo: Editora Vida, 2011.

   Título original: *Make Room For Your Miracle*
   ISBN 978-85-383-0208-7

   1. Bíblia A.T. Reis IV — Crítica e interpretação 2. Eliseu (Profeta bíblico) 3. Milagres — Ensino bíblico 4. Mulher sunamita (Figura bíblica) 5. Sonhos — Ensino bíblico I. Chavda, Bonnie. II. Título.

11-04926   CDD-222.5406

Índices para catálogo sistemático:
1. Bíblia : Antigo Testamento : Livros dos Reis : Crítica e interpretação   222.5406

Para todos os sunamitas que conhecemos, tanto homens como mulheres, cuja fé traz nova vida a promessas que pareciam estar mortas. Em todo lugar, lares, famílias, igrejas ou países nos quais vocês tenham aberto espaço para Deus, que ele possa vir e fazer desse lugar a sua habitação. Que você veja os filhos de seus filhos e diga em todos os momentos que "tudo vai bem" (2Reis 5.22, *Almeida Revista e Atualizada*).

SUMÁRIO

Prefácio **9**

Prólogo **11**

Introdução **15**

Capítulo 1 O futuro que desperta **21**

Capítulo 2 Sou culpado por meu sonho ter acabado? **39**

Capítulo 3 Um convidado para o jantar **61**

Capítulo 4 Construa uma habitação para Deus **83**

Capítulo 5 Sem espaço para concessões **97**

Capítulo 6 À espera de um milagre **113**

Capítulo 7 Quando as promessas de Deus parecem quebradas **135**

Capítulo 8 Dia de ressurreição **155**

Capítulo 9 Espaço para mais milagres **171**

PREFÁCIO

Experimentar Deus em toda sua plenitude transforma um indivíduo, seja qual for a época em que essa pessoa viva. Embora possamos ouvir sobre Deus e não mudar, não podemos *experimentar* Deus e não mudar. Experimentar Deus é experimentar mudança. Neste momento, multidões estão clamando por uma experiência direta com Deus.

O evangelho do Reino, quando pregado e ensinado da maneira que Jesus e a igreja primitiva fizeram, é sempre acompanhado por sinais e maravilhas. Os dias atuais levantam muitos desafios em relação ao impacto e à influência do Reino de Deus na cultura. Mas, se temos esperança de gerar o pleno impacto do Reino em nossa cultura, não podemos ignorar que precisamos tanto ver como liberar o poder de Deus.

Mahesh e Bonnie Chavda estão acostumados aos feitos de Deus e à operação e à manifestação de seu poder milagroso. Há anos eles têm levado a compaixão de Cristo às nações e testemunhado pessoalmente o que ele pode fazer quando alguém abre espaço para que ele se mova. Mahesh e Bonnie estão comprometidos em ver multidões imersas na experiência de Deus e de sua glória.

Este livro poderoso dá a você a oportunidade de abrir espaço para o miraculoso em sua própria vida. Mahesh e Bonnie apresentam um mundo de possibilidades à medida que revelam os *insights* da vida da mulher sunamita que abriu espaço para o mover de Deus — e, como resultado, abriu espaço para um milagre em sua própria vida. Ela saiu da esterilidade para a fertilidade e muito mais. O mesmo acontecerá com você, à medida que prestar atenção aos *insights* e à revelação presentes no livro em suas mãos!

Podemos sentir-nos ávidos e prontos a crer em Deus para que outra pessoa receba um milagre. Mas, quando se trata de crer nele para obtermos um milagre em nossa própria vida, podem surgir argumentos na mente e no coração que nos tentam convencer de que somos exceção à regra. Mahesh e Bonnie tomarão gentilmente sua mão e o levarão pelos poderosos processos da fé que abrirão caminho para que os milagres ocorram em sua própria vida.

Estimo profundamente Mahesh e Bonnie por seu amor e sua dedicação à proclamação do Evangelho em toda glória e poder. Eles vivem apaixonadamente para ver a glória de Deus manifestar-se na vida de todos os que o buscam. Tão logo você abrace a ideia de que Deus tem um milagre para sua vida, uma mudança de consciência começará a acontecer em seu interior.

Robert Greenleaf, fundador do movimento moderno de liderança, disse: "Só se alcança aquilo para o que se está pronto, aquilo para o que se está aberto". Uma vez que Deus é um Deus de milagres, creio que o fato de você ter escolhido este livro não é acidente. Algo dentro de você levou-o até este tratado tão importante. E não apenas isso, mas Alguém maior que você considerou adequado prepará-lo para um encontro transformador de vida com o poder miraculoso.

Quero convidá-lo a confiar no processo pelo qual Deus o está conduzindo neste momento da sua vida. Também o convido a confiar nos dois servos a quem Deus escolheu para levá-lo a uma experiência com sua glória incomum e para preparar o solo do seu coração para o milagre de que você precisa e que deseja tão profundamente. Um milagre está chegando, e seu nome está escrito nele.

Meus mais profundos agradecimentos a Mahesh e Bonnie Chavda pela disposição em nos conduzir passo a passo por esta jornada de identidade e destino e em revelar os segredos que pavimentam o caminho para que milagres aconteçam — a todos nós.

Dr. Mark J. Chironna

Orlando, Flórida

PRÓLOGO

> Eis que estou à porta e bato. Se alguém ouvir a minha voz e abrir a porta, entrarei e cearei com ele, e ele comigo.
>
> Apocalipse 3.20

Em três momentos de minha vida uma batida na porta teve uma influência profunda sobre mim.

O primeiro ocorreu cerca de cinquenta anos atrás, quando eu tinha 14 anos de idade. Minha família vivia no Quênia, na África. Cresci na cidade costeira de Mombasa. Vivíamos perto do mar, próximo do chamado Forte Jesus. O comerciante português Vasco da Gama visitara aquele lugar alguns séculos antes. Hoje, os ventos do comércio trazem velhas embarcações a vela chamadas *dhows*, que transportam tâmaras da Arábia e voltam para casa com especiarias. Os odores das buganvílias e do mar foram trazidos pelo vento assim que abri a porta, curioso para ver quem batera tão suavemente.

Ali estava, diante de mim, a figura de uma jovem mãe, com roupas do Oriente Médio e um bebê no colo. Seus olhos azuis acinzentados eram os mais gentis que já tinha visto. Aquela mulher árabe era refugiada de Agadir, no Marrocos, onde, em 29 de fevereiro de 1960, um terremoto fortíssimo tirou a vida de 20 mil pessoas. Naqueles olhos gentis pude ver dor, morte e devastação. Não sei como aquela mulher conseguiu sair de Agadir e chegar a Mombasa, mas ali estava ela, diante de nossa porta, pedindo ajuda. A mulher tentou comunicar-se em árabe, mas consegui entender apenas algumas palavras. Ela continuava repetindo "Agadir". Minha família trouxe roupas, comida e dinheiro. Sei que minha família fez tudo o que podia para ajudar aquela mulher. Ela aprendera a palavra "obrigada" em suaíli: "asante". Ficou dizendo "asante, asante, asante" enquanto ia embora. Sempre me lembro daqueles olhos gentis. Sua batida na porta abriu meu coração para ser terno para com os necessitados.

Cerca de um ano depois, outra batida na minha porta. Abri e vi em pé diante de mim uma linda senhora norte-americana. O que ela estaria fazendo tão longe de casa, andando especificamente no meu bairro, Kibokoni, em Mombasa, Quênia? Ela possuía olhos azuis esverdeados cativantes. Pareciam transmitir paz e vitória. Queria um copo de água fria, mas trazia com ela a mensagem da vida eterna. Ela e seu marido eram missionários no Quênia. Deixou em minhas mãos um Novo Testamento e, ao ler aquele livro, vim a conhecer o Salvador do mundo, o precioso Cordeiro de Deus, Jesus Cristo. Aquela batida em minha porta teve um objetivo profundo e mudou completamente minha vida. Deu-me futuro e esperança. Jesus enviara aquela mulher para bater na porta do meu coração. O Senhor da glória entrou, e minha vida tomou o rumo da eternidade.

Muitos anos se passaram. Então, certo dia, naquilo que foi uma visão, um sonho ou um transe (não sei dizer com certeza), ouvi o que supostamente era uma batida na porta. Ao abri-la, senti como se uma brisa celestial soprasse sobre mim e vi claramente outra mulher em vestes do Oriente Médio, gentil e linda como a jovem mãe de Agadir. Ela também tinha olhos azuis acinzentados. Aqueles olhos também viram dor e morte, mas brilhavam com a glória da ressurreição. À porta, estudando-me intensamente, ela sorriu: "Sou a sunamita. Quero que você conte a minha história". Algo encheu meu coração — foi como se o rio da vida tivesse passado por cima de mim. Esta, portanto, é a história da sunamita, uma mulher maravilhosa a quem Deus chamou de "grande".

Prólogo

A história da sunamita era contada sempre que os profetas lembravam os atos poderosos que o Senhor Deus de Israel realizara em favor de seu povo. Talvez eles tivessem esquecido seu nome, ou quem sabe a história fosse tão conhecida que todos os ouvintes estavam familiarizados com aquela personagem; pode ser também que as partes da história que mais inspiravam os profetas fossem os milagres — seja qual for o caso, o Espírito Santo se lembrava da sunamita. Ele levou seus porta-vozes a contarem a história dela muitos anos depois. Jeremias é o responsável por registrar o testemunho da sunamita entre os anais dos reis de Israel. Enquanto Jeremias tratava do destino de seu povo, a sunamita permanecia como um farol de possibilidade e esperança.

O livro de 2Reis registra a saga da sunamita — agora, uma mulher idosa, já impossibilitada de ter filhos — como aconteceu no reinado de 12 anos de Jorão, filho do rei apóstata Acabe e da ímpia rainha Jezabel. A história é registrada logo após o período de aprendizado de Eliseu, que durou cerca de catorze anos, junto ao mais destacado e tocante ícone espiritual de Israel, o grande profeta Elias. Após o recebimento dramático do manto de Elias, Eliseu comanda a companhia de profetas cuja missão é afastar a nação de sua tendência em direção ao cativeiro.

Em seu primeiro ano de ofício, ele se vê em Suném como convidado de um nobre e sua esposa. Então, lutando para desviar a nação do desastre certo, Eliseu se torna pastor para a casa de Suném. Enquanto lidava com um rei apóstata, uma rainha assassina e chefes de estado que juraram levar Israel à sujeição e à destruição, o homem de Deus entra na casa em Suném para descansar. É então que tem início o milagre.

A mulher sunamita nos fala ainda hoje. Eis aqui uma história de recuperação — recuperação de promessas, recuperação de vida e recuperação de herança. Contada aqui por meio da ficção bíblica, conforme imaginamos em espírito de oração os vários eventos diários de sua vida, a história dessa mulher aconselha a todos que esperaram e foram desapontados, que têm sido obedientes e não foram recompensados, que plantaram e ainda esperam pela colheita.

Ao longo de sua história, a sunamita convida você a construir um espaço permanente de expectativa no qual, em toda situação, você esteja aberto ao Deus dos milagres. Nosso desejo é que a história dela, contada agora, ajude-o a reservar espaço em seu coração para que Deus faça ali um lugar de habitação permanente. Você recuperará a vida. Recuperará o fôlego da vida. Recuperará a herança perdida — a comunhão permanente com Deus. Esta é nossa oração por você: conhecer o poder e a fidelidade de Deus para com aqueles que permanecem fiéis a ele.

A sunamita *ainda nos fala* hoje. Que possamos ouvir sua história e abrir espaço para que os milagres aconteçam.

Mahesh Chavda

INTRODUÇÃO

Certo dia, Eliseu foi a Suném, onde uma mulher rica insistiu que ele fosse tomar uma refeição em sua casa. Depois disso, sempre que passava por ali, ele parava para uma refeição.

2Reis 4.8

A sunamita fala...

Fiquei famosa graças a dois dos homens mais famosos da história do mundo: Eliseu e Jeremias, os profetas. Durante uma época em que nosso país se voltara para deuses estranhos, minha luz brilhou nas trevas — um testemunho do Deus Javé. Ao mesmo tempo que o protetor de Israel nunca dorme (v. Salmos 121.4), ele também mantém seus olhos sobre o homem ou a mulher cujo coração o segue. O Senhor virá sobre nós como chuva sobre uma terra seca. Assim, devemos crer, mesmo quando a natureza nos decepciona ou quando a esperança ameaça desvanecer. Devemos crer. Devemos esperar. Perder a esperança é perder a liberdade, é perder a nós mesmos.

Meu pequeno mundo transformou-se em algo muito maior. Eu era filha de pais dedicados, que temiam ao Senhor e o serviram por todos os seus dias. Aprendi com uma mãe que nunca ficava parada — fosse com a língua ou com as mãos. Descobri logo cedo que o valor intrínseco de uma pessoa se baseava em sua capacidade de contribuir de maneiras práticas com a sobrevivência do clã no qual ela havia nascido. Por volta dos 13 anos de idade, as filhas se casavam fora da família, mas geralmente dentro do seu clã tribal. Quanto mais bela de corpo e mais serena de espírito elas fossem, melhor seria o par escolhido e, portanto, melhor se dava a família. Os filhos homens herdavam as propriedades de seus pais e traziam esposas — férteis, esperava-se — para a família e, por isso, um filho era duas vezes mais proveitoso do que uma filha. Mas isso não significa que nós, filhas, fôssemos menos amadas. Eu desejava um "espírito dócil e tranquilo" porque isso agradava meu pai.

Não fique achando que minha vida foi fácil porque nasci numa família favorecida e influente. Não foi a riqueza nem a influência que fizeram que minha história fosse registrada nas Santas Escrituras. Minha história se mantém viva para ajudar você a aprender a criar um espaço permanente para o Senhor e sua unção, como aprendi a fazer. Esperei bastante para falar. Meu testemunho é uma trama bem forte, tecida na ampla e bela tapeçaria daquilo que significa ter fé em Deus.

Homem ou mulher, jovem ou velho, eu e você compartilhamos da condição humana. Todos nós experimentamos vida, morte, esperança, desespero, alegria, tristeza, desejo, rejeição, crença e desconfiança, medo e paz. E compartilhamos da busca por Aquele que tem as respostas que procuramos. Ele é o mesmo ontem, hoje e sempre. Onde ele habita, plenitude e bem-estar também habitam. Em meio a nossas circunstâncias, e às vezes por causa delas, Deus realiza seus grandes milagres. Assim como agiu por mim, ele pode agir por você. Ele é o Deus dos milagres. Você descobrirá que ele é a resposta aos seus anseios mais profundos.

E nós ouvimos...

A intenção original de Deus para a humanidade sempre foi criar um lugar de habitação permanente para si mesmo. Jesus disse:

> Olhe para mim. Estou batendo à porta. Se você ouvir meu chamado e abrir a porta, vou entrar e jantar com você. Os vencedores vão se sentar comigo à cabeceira da mesa, assim como eu, depois de vencer, tomei o lugar de honra ao lado do meu Pai. Esse é o meu presente aos vencedores! (Apocalipse 3.20,21, *A Mensagem*).

Temos uma ideia da perspectiva de Deus quando a narrativa bíblica muda repentinamente de um evento nacional de impacto profundo e duradouro — como a batalha com Moabe — para os detalhes íntimos de uma mulher anônima que vivia em uma obscura cidade da Galileia. Contrastando com o escuro pano de fundo da crise nacional e a tenebrosa sombra do julgamento, o profeta se desvia e repentinamente torna-se hóspede frequente da casa em Suném. A história se transforma num ícone da grandeza do nosso Deus. E sua grandeza nos torna grandes. Os interesses de uma mulher estéril e as preocupações de um rei são igualmente importantes para o Senhor.

Sempre que Eliseu batia à porta, essa grande mulher abria e alegremente o convidava a descansar em sua casa. Quando ela deu as boas-vindas ao mensageiro profético de Deus, o Mestre entrou junto com ele. Eliseu representa a porção dobrada, acrescida de milagres como bônus! Ele é o pré-tipo profético de Jesus, Sumo Sacerdote de todo aquele que crê.

A sunamita demonstra uma combinação de traços de caráter que abrem espaço para os milagres. Ela cuidava bem de sua casa, combinando simplicidade reverente e retidão moral com afeição doméstica e piedade real. Ela exercia a "religião pura". Também demonstrava confiança e autoridade extraordinárias, uma espécie de não dependência da incredulidade, como no momento em que seu lar foi ameaçado e ela se mostrou destemida e corajosa. De modo semelhante a Abisague de Suném, que conquistou o coração do rei Davi, nossa sunamita chamou a atenção do mensageiro do Senhor e capturou o coração de Deus. Quando a sunamita mais precisava de uma demonstração da mão divina, Deus a revelou alegremente.

Estamos prestes a revelar segredos da fé que a sunamita exercitou para receber o dom de um grande milagre. Quando o presente lhe foi roubado, esta grande mulher buscou a Fonte dos milagres e não a abandonaria até que tivesse recuperado tudo. A vitória obtida tornou-se a semente de novos milagres. Da ressurreição para a recuperação e para a restituição, um coração de fé e uma incansável recusa a ceder à dificuldade abriram espaço para a provisão constante e uma rica herança para as gerações futuras.

Você tem uma esperança, um sonho, algo impossível que gostaria que se realizasse? À medida que, como a sunamita, você abrir espaço para nosso Deus de milagres, estará abrindo espaço para seu próprio milagre. Vamos descobrir como.

Capítulo 1
O FUTURO QUE DESPERTA

> Lembre-se do seu Criador nos dias da sua juventude, antes que venham os dias difíceis e se aproximem os anos em que você dirá: "Não tenho satisfação neles".
>
> Eclesiastes 12.1

A sunamita fala...

Ter nascido num lar de Israel da Idade do Ferro significava que a religião tinha prioridade — todo o mundo adorava algo e cumpria rituais religiosos sacrossantos. Tudo o que uma pessoa fazia, do nascimento à morte, assim como tudo o que realizava do nascer do sol ao entardecer, era influenciado — ou até mesmo determinado — pela religião. Superstição e fé eram concorrentes. Para aqueles de nós que temiam o único e verdadeiro Deus, o Deus de Abraão, de Isaque e de Jacó, lembrar-se da história de alguém, das obras de Deus na vida de seu povo, era fundamental para manter nossa identidade. Nosso Deus era o único que não podia ser visto com os olhos. Era preciso ver suas pegadas com os olhos da fé para poder segui-lo.

Poucas vezes vi um rolo no qual estivessem escritas histórias do passado. Para que nossa história sobrevivesse, dependíamos de homens santos ou chefes de clãs que a contassem e recontassem, ou, como no caso de meu pai, daqueles que a aprenderam de seus próprios pais e, então, a contaram a seus filhos. Uma vez que vivíamos longe de Jerusalém — uma caravana familiar poderia fazer a viagem em dois dias —, geralmente dependíamos de homens devotos que viessem a nós, ou aos quais procurávamos, em certos dias sagrados. Era assim desde os dias em que o reino de Salomão foi dividido em dois, os reinos do norte e do sul, cerca de cinquenta anos antes do meu nascimento.

O rei Jeroboão, coroado para liderar as dez tribos do norte que não quiseram fazer aliança com a descendência

23

do rei Salomão, construiu grandes bezerros em Dã e Betel para ajudar o povo na adoração. Papai achava que o rei não queria que ninguém de seu reino fosse a Jerusalém para adorar e, quem sabe, mudasse de lado, voltando a dedicar-se à linhagem real. Não tínhamos levitas no norte naquela época. Os profetas moravam em algumas das cidades de Efraim, mas não era comum aparecerem em Suném. Levávamos nossos presentes e nossas ofertas aos profetas no Carmelo e ali os ouvíamos. A jornada durava meio dia, rumo oeste, na direção do grande mar. Como acontecia desde o início dos tempos, a fé no Deus Javé criou problemas ali também.

Meu pai era o patriarca de nosso grupo e muito respeitado em Suném. Era a fonte de nossa existência — embora mamãe e vovó fossem a água dessa fonte. Carregávamos seu nome, preparávamos sua comida, cuidávamos de sua casa, mantínhamos sua família unida e prosseguíamos. Ele nos dera vida e, sempre que uma vida era levada, reconhecíamos ainda mais a preciosidade dela.

Foi naqueles dias que recebi as primeiras aulas sobre a política de nosso país, dividido como era. Ao sul de nossa pequena e agradável "ilha" — refiro-me à colina onde se localizava a propriedade de meu pai em Suném — ficava outra casa. O contraste era gritante, até mesmo para meus olhos de menina. Distante cerca de uma hora viajando no lombo de um jumento, situado na parte alta de Jezreel como um pináculo, ficava o palácio de verão do rei Acabe e de sua esposa-serpente, Jezabel.

"Ilha de lixo." Era esse o significado de seu nome em nossa língua. Que pai daria esse nome a uma filha? Um sacerdote, ora! Obviamente, como disse meu pai, guias cegos conduziam outros cegos.

Papai passava todo o *shabbat* com a mente voltada ao Deus Javé. Era nosso dia de descanso. Sem tarefas a cumprir, pelo menos naquele momento — toda criança era incorporada à força de trabalho da família, em algum nível, assim que era desmamada — eu gostava muito de me sentar ao seu lado à sombra de nossas oliveiras. Elas cresceram a partir de mudas que o pai dele trouxera de Jerusalém, quando viajaram para a Festa dos Tabernáculos, vários anos antes. Nossas árvores tinham quase a idade de meu pai e haviam começado a produzir azeitonas para extração de azeite. Suném tinha suas próprias prensas de azeite e vinho e, quando chegava a época da colheita, toda a comunidade trabalhava unida. Sempre era uma época de grande alegria. As ruas se enchiam dos sons que nós, crianças, fazíamos ao brincar e rir.

As árvores cobertas de folhas verdes espalhavam seus ramos pelo campo que ficava atrás de nossa casa — um testemunho vivo da promessa de Javé segundo a qual a oliveira floresceria em nossa terra. Usávamos azeite para tudo. Azeite para as ofertas. Azeite para cozinhar. Azeite para comer. Azeite para iluminar. Azeite para cuidar de ferimentos. Azeite para amaciar a pele. Azeite para a própria vida — tudo saído daquelas árvores. Olhei para cima, na direção dos ramos que apontavam para baixo, com seus brotos de grossas folhas, verdes e empoeirados. Naquele dia em especial, papai estava falando sobre outro tipo de óleo: óleo santo da unção.

— Papai, o que quer dizer *santo*?

— Consagrado a Deus. Separado, como o nosso povo. Como nossos profetas e nossa Torá. A face de Moisés brilhou por causa da unção santa quando ele desceu do monte com as tábuas. É o resíduo da presença do Deus vivo — disse ele, inclinado na minha direção, com os olhos brilhando. — Palavras de vida saídas da boca do próprio Deus. Chegará o dia em que o mundo inteiro saberá. Espere e verá. Até mesmo os gentios se esquecerão de seus ídolos e se voltarão para o Senhor.

— Mas, papai, os gentios? — perguntei, incrédula. Eu sabia que eles se curvavam diante de pedras e esculturas de madeira que eram ridículas. Como se um bloco de madeira pudesse responder às suas orações! Já ouvira que os gentios praticavam as coisas mais horríveis e ensinavam seus filhos a fazerem o mesmo. Ficava irritada só de pensar. Mas também sabia que as práticas gentias estavam ganhando espaço, centímetro a centímetro, numa aproximação nefanda em direção a nossa cultura e religião. O rei Acabe não era o primeiro governador de nosso povo a adorar ídolos feitos à mão.

Na verdade, uma sucessão de reis ímpios havia governado nosso povo desde os dias do rei Jeroboão até agora. Parecia impossível imaginar que, a cada novo rei, Israel pudesse degenerar um pouco mais em termos espirituais — mas foi o que aconteceu! Nadabe, Baasa, Elá, Zinri, Onri e, agora, Acabe. Nenhum deles foi um homem justo como meu pai. O nome deles era como uma cantiga de ninar envenenada. Baasa assassinou Nadabe para assumir o trono, e essa mesma sina se abateu sobre seu filho Elá, que acabou assassinado. Do pó para o pó. Plantaram vento e colheram tempestade, dizia papai. Zinri cometeu suicídio, algo absolutamente proibido para um judeu. Pôs fogo em si mesmo dentro de seu próprio palácio para que nem ele nem seus pertences caíssem nas mãos de seus inimigos. Depois dele veio Onri, o divisor, quando irmão lutou contra irmão, que é o tipo mais vergonhoso de guerra.

Como os profetas predisseram, esse foi o início do fim da Terra Gloriosa. Seriam necessários vários milhares de anos e muitos milhares de apelos para redimir o povo de Deus de sua estupidez, mas Deus cumpriu sua promessa de plantar o povo novamente em sua terra para nunca mais ser retirado. Papai disse que, quando isso acontecesse, todos se surpreenderiam e até os sábios do mundo ficariam confusos. E isso aconteceria num único dia.

— Um dia, nosso povo terá Javé como seu rei, que é o ele planejou — disse-me papai. Ele conversava comigo, mas parecia dirigir-se à terra em si, como que para oferecer consolo. — Ele frustra os esquemas dos malfeitores, de modo que nenhum de seus planos se cumpre. Ele pega o orgulhoso em suas conspirações; toda essa terrível intriga será varrida com o lixo!

Papai apontou o dedo na direção do palácio e olhou diretamente para mim.

— De repente, eles ficarão desorientados, e serão lançados nas trevas. Não conseguirão sequer colocar um pé na frente do outro. Mas o oprimido será salvo por Deus, salvo dos planos assassinos, salvo do punho de ferro — disse ele.

Fez uma pausa e prosseguiu:

— E o pobre continuará tendo esperança, enquanto a injustiça estará presa e amordaçada.

Colocou minha mão sobre seu braço e disse:

— Isso não durará para sempre. Moisés é nosso profeta e, quando ele impôs as mãos sobre Josué, aquele óleo santo começou a fluir. E continua até hoje.

Parecia que um profundo silêncio caíra sobre nosso jardim debaixo do sol da tarde, como se as árvores, os pássaros, a terra e o céu estivessem ouvindo as palavras de meu pai.

— Aqui — papai esticou um de seus dedos grossos e indicou um ponto. — Está vendo estes botões redondos aqui?

Concordei com a cabeça e olhei para os pequenos cachos de bagas por baixo de folhas grossas.

— Cada um deles será uma azeitona daqui a poucos meses. Deus queira! — disse ele. — E você precisa me ajudar a ficar de olho nos pássaros para que eles não venham e tentem roubar a safra quando estiver perto da época da colheita.

— Eles constroem seus ninhos nesses ramos, papai — disse eu. — Já os vi. Os pombos vêm aqui para se abrigar do calor da tarde. Escuto todos eles arrulhando uns para os outros.

— Conspiração! — disse papai. — Estão conversando um com o outro na linguagem secreta dos pombos. Estão de olho em você com aqueles olhos vermelhos. "Lá vem a menina!", dizem uns aos outros. "Cuidado para não parecer suspeito, senão ela vai correndo contar ao pai que estamos espiando os frutos da oliveira para poder comê-los!".

Eu dava gargalhadas naquele momento, sem saber exatamente, na alegria da presença de meu pai, o que ele estava semeando em meu coração. Dia após dia, o senso de quem eu era, minha identidade, estava sendo derramado em minha própria alma — tal como o óleo daquelas azeitonas em breve fluiria para cada jarro determinado, debaixo da supervisão cuidadosa de meu pai. Esse conhecimento de minha identidade como filha do verdadeiro Rei estava provendo a força da qual eu precisaria num dia futuro para me levantar e vencer meu inimigo.

E nós ouvimos...

As Escrituras não nos contam nada sobre os primeiros anos da sunamita; essa é uma cena de sua juventude que podemos apenas imaginar. As influências da fé israelita em Javé teriam lançado as fundações para sua fé em ação. A Bíblia chama a sunamita de "rica" (cf. 2Reis 4.8). Podemos presumir que ela faz parte da galeria dos heróis da fé de Hebreus 11 por se tratar de uma das mulheres de Israel que receberam, pela ressurreição, os seus mortos. Esse foi apenas um dos milagres ocorridos em sua vida. O que a tornou tão famosa? Por que Deus foi até ela e satisfez seus anseios mais profundos? Porque ela abriu espaço para a unção. Ela acolheu a presença de Deus para que ali habitasse.

Muitos livros modernos falam sobre grandeza, mas a grandeza que importa é a grandeza aos olhos de Deus. Tudo mais, como a Bíblia diz, é pó e esterco. O rei Davi adorou ao Senhor dizendo "a tua clemência me engrandeceu" (Salmos 18.35, *Almeida Revista e Atualizada*). A grandeza de Deus é a majestosa simplicidade de sua graça, sua condescendência — sua "clemência" como disse Davi. Revela a natureza de Deus como totalmente humilde e aquele que desce para intervir quando o convidamos a entrar em nosso mundo. A cruz de Cristo é a derradeira demonstração de sua grandeza. E, no nosso mundo, Deus procura fazer sua habitação num coração que seja adequado à sua presença.

Aos olhos de Deus, portanto, qual é nosso maior destino ou propósito? O que nos torna grandes? Aprendemos várias coisas com a sunamita.

Primeiramente, temos fome de Deus. Enquanto permanecermos famintos, estaremos abertos a que Deus nos fale. Com efeito, isso é acolher a terceira pessoa da Trindade. O coração que tem fome do Deus verdadeiro reconhecerá e acolherá o Espírito Santo.

Um coração orgulhoso quase sempre perderá as visitações de Deus — tanto as miraculosas quanto as "comuns". São as pessoas famintas que atraem a presença divina. Bem-aventurados são os que têm fome, disse Jesus. Em todos os tempos e em todas as nações há aqueles que têm fome e sede do Deus verdadeiro, e nada os satisfará até que sejam satisfeitos pelo próprio Deus. Então, quando eles acolhem o Espírito Santo, não se trata apenas de um ato religioso: eles têm um lugar para que Deus ali habite.

Outra coisa que nos torna grandes aos olhos de Deus é nosso amor por sua Palavra. Os grandes realmente valorizam a Bíblia. Cruzamos com uma missionária que trabalhou intensivamente na Índia. Ela nos falou sobre o encontro que teve com uma mulher que possuía apenas uma parte do salmo 23. A missionária ofereceu a Bíblia àquela mulher, mas ela recusou, dizendo: "Ah, isso é demais. Vivi minha vida inteira apenas com esses poucos versículos. São tão ricos que me satisfazem". Algumas poucas linhas das Escrituras haviam preenchido a vida daquela mulher; contudo, quantas pessoas possuem seu próprio exemplar da Bíblia e simplesmente a negligenciam? Se esse é o seu caso, seu coração provavelmente se tornou terra arrasada.

A próxima coisa que nos torna grandes é o desejo de honrar os verdadeiros servos de Deus. Aqueles que são notáveis aos olhos do Senhor honram os vasos que carregam sua presença. Essa consciência se inicia em nossas congregações locais. Não deixe que o inimigo o faça sentir-se ofendido quando Deus o colocar em um grupo de cristãos. É comum ouvir pessoas dizendo coisas como "Não preciso de pastores, não preciso de presbíteros, não preciso da liderança da igreja e certamente não preciso me relacionar com aqueles 'pecadores' da igreja". É muito comum as pessoas se afastarem de um corpo eclesiástico vivo sem motivo e, então, na hora em que precisam de uma unção de porção dobrada, ela não aparece, pois elas se afastaram dos vasos através dos quais Deus deseja que sua unção flua.

Outra coisa que nos torna grandes: necessidades simples. Não estamos sempre querendo mais "coisas", pois a carnalidade não satisfaz. Lemos em 1 Timóteo 6.6: "De fato, a piedade com contentamento é grande fonte de lucro". À medida que encontrarmos contentamento no Senhor que realiza milagres, ele, a partir dessa comunhão, derramará sua Palavra e glória em nossa vida.

A sunamita enfrentou enormes perdas em sua vida, mas demonstrou essas qualidades de caráter com dignidade. As Escrituras dizem que, apesar de toda sua riqueza e posição, ela não tinha algo que desejava acima de qualquer outra coisa: filhos. A esterilidade era uma pobreza que não podia ser apaziguada pela vontade humana. A sunamita enfrentou humilhação e devastação interior, mas, ainda assim, estava contente. Tinha sonhos e anseios, mas optou por não deixar que o ressentimento ou a amargura tomassem conta de seu coração por causa daquilo que ela não tinha. Em função disso, ela não mentiu quando disse "Está tudo bem". Tinha confiança em seu destino porque estava em paz com sua verdadeira identidade.

Caro leitor, a semente para o seu milagre foi semeada em sua identidade como filho do Pai celestial. Nossa identidade — passada, presente e futura — é definida pela palavra daquele que é maior que nós. À medida que mantemos comunhão com o Senhor, construindo um lugar descanso nele e para ele, adorando-o e louvando-o, somos transformados e nos tornamos um canal para que a Palavra eterna entre e redefina nossas circunstâncias temporais. Somos transformados e nos tornamos transmissores do Rei divino e de sua glória aos outros.

Deus deseja sunamitas — homens e mulheres — em todos os lugares do mundo. Onde você estiver, seja no Oriente Médio ou na Europa, na América do Norte ou na África, na Índia ou na Austrália, sabemos que, por meio de Jesus Cristo, de seu sangue derramado e do poder de seu Espírito, você pode receber a atmosfera da glória divina. Sua vida se torna o lugar em que Deus habita. É uma vida satisfeita, uma vida que redime, uma vida que experimenta milagres. Uma vida que transmite a glória do Pai a todos que estão ao redor.

Quem sou eu e por que estou aqui?

Nos dias atuais, o mundo não carece de espiritualidade. O ateísmo não está mais na moda. O relativismo está. O multiculturalismo é a nova moralidade. Em essência, multiculturalismo é um espírito de humanismo que quer apagar as linhas claras da identidade. No lugar das convicções morais, são as pesquisas de opinião que guiam muitas culturas. Alguém controla o mercado mundial, mas a maioria de nós não sabe quem, e parece que temos muito pouco a dizer sobre isso. Nossa geração está mais medicada, estressada, disfuncional e guiada pela imagem do que qualquer outra geração da história. Cremos que somos aquilo que comemos. Somos aquilo que vestimos. Somos aquilo que tatuamos em nosso corpo. Somos aquilo que dirigimos. Somos o lugar onde moramos.

Em Atos 17, Paulo está falando aos grandes filósofos e formadores de opinião de sua época na cidade de Atenas. Ele vê um altar colocado ali por alguém, com a inscrição "AO DEUS DESCONHECIDO", e diz: "Ouçam, esse que vocês estão adorando, que vocês dizem que não conhecem, pode ser conhecido. Deixem-me apresentá-lo a vocês, deixem-me esclarecer".

Então Paulo explica:

> Deus, que fez o mundo e tudo o que nele existe, é o Senhor do céu e da terra e não mora em templos feitos por seres humanos. E também não precisa que façam nada por ele, pois é ele mesmo quem dá a todos vida, respiração e tudo mais. De um só homem ele criou todas as raças humanas para viverem na terra. Antes de criar os povos, Deus marcou para eles os lugares onde iriam morar e quanto tempo ficariam lá. Ele fez isso para que todos pudessem procurá-lo e talvez encontrá-lo, embora ele não esteja longe de cada um de nós. Porque, como alguém disse: "Nele vivemos, nos movemos e existimos".

Qual é o propósito dessa busca por nossa verdadeira identidade? É reconhecer a Deus como Pai. É isso o que significa ser chamado de humano. Em termos teológicos, é chamado de *Imago Dei*, a imagem de Deus. Encontrado em Gênesis 1.26,27 (o termo hebraico é *b'tzelem elohim*), o termo significa literalmente "cortado de ou formado à imagem do Deus Todo-poderoso".

Existem quatro aspectos relacionados aos seres humanos nessa doutrina: 1. temos a capacidade de conhecer, pensar e tomar decisões morais; 2. somos chamados a viver como representantes de Deus na terra ao governar a natureza; 3. temos a capacidade de espelhar a unidade que existe na Trindade ao nos relacionarmos com Deus e com outros humanos; 4. fomos criados para glorificar a Deus ao tornar seu caráter visível diante do restante da criação. Apenas os humanos possuem essas qualidades.

A chave para sua identidade

Ouvimos uma história muito estranha sobre um homem que morreu na Inglaterra. Quando seu testamento foi lido, a família e os amigos descobriram que seu último desejo era que ele fosse cremado, e que as cinzas fossem misturadas com comida de peixe e espalhadas no lago onde ele adorava pescar. Então, seus amigos deveriam ir ao lago para pescar os peixes que comeram seu amigo — e comê-los. Argh! É uma ideia confusa sobre identidade, mas nos dá um pequeno retrato da importância de saber quem somos.

E, dito de maneira bem simples, sabemos quem somos porque ele é o Eu sou e nós estamos no Eu sou. Descobrimos a nós mesmos quando Eu sou abre a revelação visível de seu caráter, de sua natureza. O mais importante, porém, é que quando tomamos posse de nossa adoção como seus filhos, assumimos sua identidade. O futuro de todo aquele que faz essa jornada não reside nos elementos do mundo material ou na imaginação dos homens. É o conhecimento de Deus como Pai que assegura nosso destino e abre espaço para a habitação de sua presença.

Quando aceitou a cruz, Jesus tinha você em mente. Lembre-se: ele pensou em você antes de criar o mundo. Sua missão era morrer. Missão cumprida. Deus Espírito Santo desceu para permanecer em Jesus quando ele estava vivo. Depois de Jesus ter sido batizado — mostrando sua submissão plena, a perda total de sua identidade para agradar ao Pai — a Bíblia diz, no evangelho de João, que as pessoas viram o Espírito descer em forma corpórea e permanecer sobre ele. Então, na tumba, o Espírito veio outra vez e soprou vida ressurreta naquela boca inerte. O salmo 29 diz que "a voz do Senhor é poderosa" (v. 4). "O Deus da glória troveja" (v. 3). "A voz do Senhor faz dar cria às corças [...] e no seu templo tudo diz: Glória!" (v. 9, *Almeida Revista e Atualizada*).

Eu, Bonnie, experimentei o salmo 29 em minha própria vida quando estava grávida do nosso quarto filho. Tive uma complicação chamada placenta prévia central, com hemorragia durante toda a gravidez, e desfaleci duas vezes. Finalmente, na 25ª semana, tive problemas com minha placenta, minha bolsa se rompeu e as chances para a vida que poderia estar no meu útero (os médicos não haviam localizado batimentos cardíacos) eram ínfimas. Levaram-me para fazer uma cesariana de emergência. Naquela hora de trevas, porém, Deus falou conosco e disse que teríamos um filho, que deveríamos chamá-lo de Aaron e que ele viveria.

Eu estava deitada naquela maca e a equipe se preparava para me sedar. De repente, outro Homem entrou na sala. Veio até mim e se postou na cabeceira da maca. Sua voz — não com palavras de língua humana, mas com ondas de luz e raios de poder como relâmpagos e trovões — saiu dele e entrou em mim, atingindo minhas cordas vocais. Ouvi eu mesma dizer ao médico: "Posso ter essa criança por meio naturais". Aquela voz se moveu dentro de mim e cercou meu útero. Em poucos segundos, ouvi cinco pequenos "miados" — como um gatinho recém-nascido. *Miau, miau, miau, miau, miau*.

Apontei o dedo para meu médico e disse: "É um menino, não é?". Ele parecia apavorado. E realmente estava. Ele segurava a morte em suas mãos. Eu disse: "O nome dele é Aaron e ele viverá; não morrerá". Então, desmaiei.

Aaron realmente viveu. Hoje, já se formou na universidade, um rapaz saudável e brilhante. A voz do Senhor é poderosa.

O Deus da glória troveja. Ele é o início e o fim, e tudo mais que há entre esses dois pontos. Quando entendemos quem somos e por que estamos aqui, começamos a abrir espaço para a presença miraculosa do Senhor.

Portanto, quem é você? Você é um filho eterno do Deus Todo-poderoso, criador do céu e da terra. Por que você está aqui? Para que possa buscá-lo e encontrá-lo e ser plenamente conformado à sua imagem. Quando você tem a Cristo, tem a chave para sua identidade. Você tem algo pelo que vale a pena viver porque é algo pelo que vale a pena morrer.

No primeiro capítulo do evangelho de João, o irmão de Pedro vê Jesus revelado como Eu sou. Corre até seu irmão e diz: "Encontramos aquele a quem procurávamos". Quando Jesus vê a Pedro, comenta: "Então, você é Simão, filho de Jonas?".

Com essa pergunta, Jesus está basicamente dizendo isto a Pedro: "Você sabe quem você mesmo é?". Então, como se respondesse a sua própria pergunta, Jesus dá a Pedro um novo nome. Mas observe que, daquele ponto em diante da vida de Pedro, ele é chamado Simão Pedro. Somente no final de sua vida é que Simão Pedro vê a si mesmo no Eu sou e é chamado simplesmente de Pedro.

Houve uma transformação do homem — de sua identidade e sua imagem. Conhecemos o histórico de fraqueza de Pedro. Quando ele negou a Jesus, ainda não estava certo de quem realmente era. Talvez também não estivesse totalmente convencido de quem Deus era. Mas Jesus disse: "Ah, tenho um plano para você! Vou pegar o barro e moldá-lo para ser como eu, o Cordeiro que vence, que triunfa".

Quando vemos Pedro no final de sua vida, entendemos que ele estava disposto a morrer por aquilo em que acreditava.

A tradição eclesiástica afirma que Pedro foi crucificado de cabeça para baixo. Ele não queria ser crucificado da mesma forma que o Senhor. Sabia que era Pedro, a rocha. Encontrara sua identidade em Cristo quando seus inimigos ameaçaram matá-lo. Ele era impassível.

Houve uma notícia na Califórnia segundo a qual um filho do maior líder do Hamas em Gaza encontrara a Cristo. Sim, ele precisou fugir de seu país, de sua família, de seu povo. Precisou abandonar a identidade com a qual se havia comprometido até a morte. Na reportagem apareceu uma citação sua dizendo que isso significava uma ruptura com seu pai, mas que ele estava orando para que seu pai também viesse a conhecer a verdade, que encontrasse Jesus.

A identidade começa com a paternidade. Toda alma nasce de acordo com a identidade de um pai corrompido, Adão, e como parte de uma aliança com a morte. Mas Cristo veio para romper o pacto com a morte, para nos ligar a Deus Pai e para nos dar o Reino como herança.

Quer ser grande aos olhos de Deus? Então deixe que o grande Eu sou o traga para perto de si como uma criança pequena e mostre quem você realmente é. Sua jornada começa aqui.

Capítulo 2
SOU CULPADO POR MEU SONHO TER ACABADO?

Ao passarem pelo vale de Baca, fazem dele um lugar de fontes; as chuvas de outono também o enchem de cisternas.

Salmos 84.6

A sunamita fala...

Certa noite, meu pai transformou meus sonhos em realidade. Estava sentada no topo de nossa casa numa noite tranquila, logo depois do pôr do sol, recostada num parapeito de pedra que circulava todo o perímetro da casa. Nosso telhado, como qualquer outra coisa em nossa vida, tinha limites. Nossa lei prescrevia a existência de uma pequena parede em volta do telhado, de modo que não fôssemos culpados de derramamento de sangue em nossa casa se alguém caísse daquela altura.

Eu olhava para várias outras casas e para o horizonte cada vez mais escuro. Algumas lâmpadas a óleo cintilavam através das janelas. A luz de uma vigia brilhou, laranja, numa torre além do portão da cidade, e outra brilhou adiante da colina. Acima, uma lasca prateada marcava o início de um novo mês, a lua nova. Um fragmento de sorriso nos céus, como se o Criador acenasse de seu sublime lugar.

Um cão uivou em alguma casa das ruas abaixo, emitindo um longo lamento que clamava por companhia. Suspirei e simpatizei com aquele coração solitário. Tinha 16 anos e ainda não estava prometida para casamento. A maioria das jovens da minha idade já embalava os filhos recém-nascidos.

Três anos se passaram desde a celebração que marcou minha entrada na puberdade. Mamãe havia costurado uma linda túnica nova de lã finamente desfiada para a festa — Mamãe e Titia haviam fiado e tecido a lã sozinhas, trabalhando uma após a outra durante três meses. Sob suas mãos experientes, lã úmida foi secada e depois tingida de uma cor especial — o violeta profundo da madrugada pouco antes de o sol cumprir a promessa de um novo alvorecer. Elas me disseram inúmeras vezes que aquela tintura era a mesma que fora usada para colorir as cortinas do Lugar Santo, uma tonalidade que vem de moluscos marinhos e que os fenícios usam em seus tecidos. A extravagância era tocante para mim.

Mamãe fez o bordado da gola, um lindo mosaico em tons de ocre e vermelho. Papai deu suas 12 moedas de prata como parte de meu dote. As moedas seriam presas ao meu véu de casamento e ficariam penduradas na linha logo acima das minhas sobrancelhas.

Agora, as moedas e o restante do meu dote estavam guardados, esperando em tributo silencioso por meus mais profundos anseios e desejos.

Meus dedos tamborilavam sobre a pedra fria até que o som das pegadas de meu pai na escada trouxeram foco ao meu pensamento divagante. Ele havia jantado em algum outro lugar e chegava mais tarde.

— Boa noite, filha — disse Papai, aproximando-se de mim. Beijei-o em ambas as faces.

— Boa noite, Papai — eu disse em resposta.

Ficamos ali parados em silêncio por alguns instantes. Senti que ele tinha algo importante para dizer e, assim, esperei. As torres de vigia sinalizavam aqui e ali; um pássaro piava à distância.

— É bem possível que o rei esteja andando em sua cobertura neste instante, contemplando seu reino — disse ele, quase apenas para si mesmo. — Qualquer dia desses, ele ou a esposa dele vai cair de seu telhado sem muros.

Então foi isso o que ele estivera fazendo: discutindo política com os homens da cidade.

Papai se virou e olhou para mim, com os olhos escuros faiscando. Então, esfregou as mãos uma na outra, como um coletor de impostos, e disse:

— Está feito.

Não entendi nada. Feito? Será que deixei de prestar atenção a alguma coisa?

— Feito, Papai? — repliquei.

— Tomei as providências para que sua herança fique segura. É um bom rapaz, filha. Você se casará em breve.

Limpei a garganta e engasguei. Havia esperado tanto para ouvir aquelas palavras e, agora que havia acontecido, fui tomada pela incerteza. Ele escolhera meu marido e eu não tinha ideia de quem seria. Jamais conversamos sobre isso antes daquela noite.

Que tipo de marido Papai havia escolhido? Será que ele era... feio?

Eu sabia que poderia confiar no tipo de caráter que ele teria. Papai era um homem sábio e de bom coração. Era também muito perspicaz nos negócios e não pretendia desperdiçar os bens que havia conquistado. Tudo aquilo seria meu, como ele costumava lembrar-me. Mas ter tudo aquilo com um marido feio era outra história!

O medo tomou conta de mim. Uma dezena de imagens assustadoras passou diante dos meus olhos.

— Eu o conheço, Papai?

Meu coração acelerou como se estivesse abrindo caminho à força por minha garganta e fosse sair pela boca a qualquer instante. Imaginei-me como a filha de Jefté — minha virgindade sendo sacrificada sobre o altar dos votos de meu pai. Vi-me por um instante passando as semanas seguintes em luto entre minhas colegas solteiras, vagueando pelas colinas até o dia do meu destino.

Parecia que uma vida inteira havia passado até que ouvi a resposta dele.

— Joctã, nosso vizinho, do clã de meu primo, será seu marido. Ele tem sua própria herança e é um ótimo fazendeiro. É um nobre. Você terá uma ótima posição social. Junto com as posses dele, seus filhos terão uma boa herança.

Joctã! O viúvo bonito que atraía a atenção de todas as jovens de Suném. Meus olhos se voltaram para o céu. Devo ter feito alguma coisa muito boa.

Enquanto Papai falava sobre o bom caráter e os padrões elevados de meu pretendente, as estrelas da felicidade dançavam diante dos meus olhos.

Antes que o sorriso prateado da lua cruzasse o céu noturno duas vezes, amigos do noivo iluminaram o caminho para que Joctã viesse e me levasse da casa de meu pai. Quando estávamos debaixo da *huppa*, eu resplandecia com feminilidade radiante. Mas, enquanto as palavras eram pronunciadas, confesso que ficava cada vez mais ansiosa. Por baixo do véu, com minhas moedas tinindo, voltei meus olhos para o lado, para ver meu novo marido; a cabeça régia parecia agora a de um estranho idoso. A casa do outro lado de nosso muro, a casa à qual eu estava sendo levada naquela noite, parecia ficar do outro lado do mundo.

Pessoas influentes prestaram homenagem e saudaram nosso pacto. Recebemos um par de jarros vidrados com tampa, uma colcha de linho, moedas e um tapete estampado vermelho, do Oriente. Os convidados do casamento comeram e beberam até muito depois de os noivos serem levados para casa como heróis para iniciar uma nova vida juntos.

Todavia, enquanto a festa entrava pela noite, eu estava acordada numa cama estranha. Joctã finalmente adormeceu ao meu lado. Empenhei todo meu coração na decisão de me casar, mas minha compreensão dessa nova vida parecia repentinamente débil e frágil. Orei pedindo que o Deus Todo-poderoso acalmasse meu coração temeroso.

Na manhã seguinte, desviei os olhos quando as servas trouxeram água para que nos lavássemos. O lençol do leito nupcial foi presenteado à minha sogra e, momentos depois, ouvi sua língua trinando e dizendo ao mundo inteiro que o casamento fora consumado e que eu não era mais virgem.

Após o desjejum, esperei ansiosamente que meu marido saísse, como Papai fazia todos os dias. Seria deixada com as mulheres e encontraria alguma desculpa para visitar minha mãe. Estava desesperada para ir para casa. Mas Joctã não saiu. Ficou dois dias e duas noites praticamente sem sair do meu lado e, então, chegou o *shabbat*. Ao final da minha primeira semana de casamento, eu esperava estar com a barriga protuberante.

E todo mundo esperava o mesmo. Um mês se passou. Depois dois. Todos os olhos estavam voltados para mim — os olhos de minha sogra, dos criados e de todos os membros de nosso clã em Suném. Eles esperavam a notícia de que eu estivesse grávida. Notícia que nunca chegou.

Um ano se passou, e depois dois. Então mais um, e outro. Passei da esperança para a impaciência e dali para a raiva.

Por que isso estava acontecendo comigo?

Às vezes as pequenas decisões são tão importantes quanto aquelas que parecem grandes. A decisão de passar um tempo com quem está necessitado, a decisão de parar um pouco quando o mundo inteiro está em desvario, a decisão de acreditar quando tudo parece mentir.

Existem certas decisões que parecem ser tomadas por você. O desejo de um filho, o anseio por uma filha, essa era

45

minha principal aspiração, mas nem mesmo com todas as minhas forças consegui fazer aquilo acontecer. Eu era correta de acordo com tudo o que conhecia, e cumpria todas as nossas regras. Viajávamos para o Carmelo na Lua Nova e no *shabbat* para apresentar nossas ofertas e ouvir os profetas, mas aquela bênção específica que eu desejava, aquela bênção que me confirmaria como esposa e mãe em Israel, não chegava. Minha esperança começou a esmorecer. Ficou tão esquecida que terminei deixando até mesmo de olhar para a linha do horizonte. Meu desejo supremo me iludira. Assim, no final das contas, terminei deixando-o para trás e achei que ele havia desaparecido. Anos se passaram. Fizemos nosso pão e tecemos nossa roupa, e tornei-me a mulher útil de um nobre, exceto por uma coisa. A coisa mais importante.

Como alguém pode lançar fora a parte de seu próprio corpo que o faz tropeçar? Meu ventre, aquela parte de mim criada por Javé, se recusava a cumprir seu propósito. O descaso comigo mesma deixou de brigar com meu próprio destino. A vergonha deixou de levantar seu choro. O caminho dos meus anseios levou apenas ao Vale de Baca.

Conformei-me à ideia de que não havia nada neste mundo que eu pudesse fazer para mudar o fato de que eu era estéril. Transformei meu pesar externo em compaixão por aqueles que sofriam. Passei a ser especialmente piedosa para com aqueles que eram excluídos por causa de uma enfermidade.

Tudo isso por minha causa.

E nós ouvimos...

Devido à obra completa do Calvário, nossa visão das experiências do deserto pode ser totalmente transformada. À medida que nos conduz pelo deserto, Deus realiza uma obra de transformação em nossa vida, curando-nos, derrubando os velhos ídolos do nosso coração, revelando nossa herança e, por fim, removendo tudo o que nos possa impedir de abrir espaço para aquele que é a fonte dos milagres.

A Bíblia nos apresenta uma poderosa "experiência no deserto" nas aventuras dos filhos de Israel narradas no livro de Êxodo. Eles passaram por uma libertação maravilhosa. Obtiveram uma grande vitória. Então, Deus os conduziu ao deserto. Eles estavam seguindo o Senhor? Sim. Eles fugiram do Senhor? Não, eles estavam seguindo o Senhor. Mas olharam em volta e disseram: "Ei, pessoal, isso aqui parece um deserto. Isso tem cara de deserto. Isso *é* um deserto!".

Agora, fazia quatrocentos anos que os filhos de Israel viviam como escravos — pensavam e falavam como escravos, em vez de pensar, falar e crer como reis e sacerdotes do Deus vivo. Eles não entendiam qual era seu destino.

Assim, com eles e conosco, Deus usa as experiências do deserto para oferecer revelação e levar até a possessão. Deixe-me explicar de outra forma: se o Senhor ama você, ele permitirá que você passe por águas amargas.

Quando isso acontece, sentimos dor. Para alguns, pode ser um casamento doloroso, uma separação ou um divórcio perturbador. Para outros, as águas amargas podem ser um pai alcoólatra que abusou de sua mãe ou de você. Para outros ainda, pode ser uma doença que seu filho tem. A tentação durante essas experiências no deserto é tornar-se vítima de teologia ruim. Podemos começar a pensar da seguinte maneira: "Se Deus me amasse, isso nunca teria acontecido". Não acredite na teologia ruim! Para toda água amarga sempre existe um adoçante, sempre há cura. Quando o povo de Israel aumentou as reclamações, Moisés foi ao Deus vivo em busca de ajuda. Deus lhe mostrou uma árvore — provavelmente um pedaço de madeira — que Moisés jogou na água. Imediatamente a água foi purificada e aqueles milhões de pessoas puderam beber.

Fique firme em sua decisão

Deserto? Águas amargas? Provação? Por que tudo isso? Para ver a sua reação. Deus quer temperar nossa fé. Ele quer pegar aquela decisão de segui-lo e transformá-la numa fundação sobre a qual construirá algo de peso. Para que isso aconteça, ela precisa ser testada. Essa disposição de deixar que a esperança morra é uma jornada que chamamos de "fé além da fé". Fé superficial não é fé testada. Somente por meio de provações é que suas raízes conseguem ir mais fundo. Se você não quiser ser desafiado, sua fé terá raízes pouco profundas. Se você permitir que a indecisão se instale, ela crescerá como uma erva daninha e sufocará sua fé. Irá afastá-lo de sua decisão e desviá-lo de sua promessa.

Abraão saiu "sem saber". Hoje sabemos que Deus havia falado: "Abraão, estou chamando você para sair da terra de seu pai para uma terra que você não conhece, e farei seus descendentes como as estrelas do céu". Essa promessa foi cumprida em Isaque. Sendo assim, de onde veio Ismael? Abraão começou a ter dúvidas quanto à sua decisão; a indecisão se instalou e ele cooperou com o plano de Sara de ignorar o plano de Deus. Tenha certeza de que sua decisão será testada assim que você se decidir em favor de Deus.

Israel recebeu uma promessa: você comerá de vinhedos que não plantou; beberá de poços que não escavou. Mas aquela primeira geração teve dúvidas quando chegou ao limiar de sua promessa e terminou morrendo no deserto. Deus testou seu povo no deserto, onde nenhuma circunstância natural poderia ajudar. Ali eles tiveram a oportunidade de entender e crescer em sua dependência de Deus e de Deus somente.

Você já disse alguma vez "Perdi todas as esperanças"? Você pode chegar a um lugar de esperança, esperança que é eterna, esperança que é real, esperança que está em Jesus Cristo. Você pode chegar lá. Mas a porta da frente normalmente é a tribulação. As Escrituras dizem que Deus dá o vale de Acor (que significa "problemas") como uma porta de esperança (v. Oseias 2.15).

Jesus nos ensinou isso. Ele entendeu quem era por revelação e pelas Escrituras. Quando se apresentou publicamente para abraçar seu chamado de Messias, foi imediatamente levado pelo Espírito ao deserto. Jejuou por quarenta dias e quarenta noites — e saiu sem coisa alguma. Depois disso, teve fome e foi então que a tentação veio. A tentação de desistir não virá quando estivermos gordos e vigorosos! Não, quando nossos anseios vêm em resposta ao chamado de Deus, o caminho normalmente é pelo deserto.

Esse é o mistério da fé. Devemos ser vulneráveis a ponto de termos nossas esperanças despedaçadas. Para Jesus, o caminho da vitória foi o caminho esmagador da cruz. Mas porque ele estava disposto a beber aquela água amarga para que pudesse provar a alegria diante dele, podemos crer que Deus cuidará de nós em nossas experiências do deserto.

Os israelitas tinham sapatos que não se desgastavam, roupas que não se rasgavam. Seu pão caía literalmente do céu todos os dias. Não havia vinhedos; não havia plantas que lhes dessem o que comer. Era uma terra estéril, quente e seca. Assim o Espírito de Deus pairava sobre eles — a nuvem os protegia do calor do deserto durante o dia, e a coluna de fogo os mantinha aquecidos durante a noite. Todo mundo sabe que o deserto é quente durante o dia e frio durante a noite. Circunstâncias impossíveis, mas o Cordeiro cuidou deles. Aqueles que responderam com fé entraram na terra prometida.

A provação é uma parte essencial da preparação de Deus para sua ajudadora eterna — aquela noiva que estará com ele junto ao trono, que se levantará com o Cordeiro no meio dos sete candelabros, que habitará naquele lugar de revelação viva.

Graças a Deus pelo deserto.

Passe pelo vale

"Ao passarem pelo vale de Baca [vale de lágrimas], fazem dele um lugar de fontes; as chuvas de outono também o enchem de cisternas" (Salmos 84.6). Se você faz parte do povo de Deus, precisa passar de vez em quando pelo vale de Baca, o lugar das lágrimas. Mas sabe de uma coisa? É *passar*. Não é acampar ali permanentemente. Você não precisa ficar ali.

Às vezes permitimos que a pressão encubra nossa visão, e começamos a duvidar de nossa destinação em Deus. Quando isso acontece, nossa tendência é tentar estabelecer-nos no vale. Aqueles que nunca escolhem a perspectiva correta podem ser destruídos ali pelo inimigo. As coisas acabarão mais rapidamente se entendermos que esse vale é um campo de provas e que estamos apenas passando por ali.

Sou culpado por meu sonho ter acabado?

Se você acha que simplesmente não possui a fé de que precisa para seguir em frente na sua vida, então observe que a fé "vem". Como? A Bíblia diz que a fé vem por ouvir — ouvir, dar atenção e receber a Palavra viva de Deus (v. Romanos 10.17). É a Palavra viva que derrama sobre nós essa vida de fé. Você é parte de uma raça sobrenatural, de um segredo sagrado, oculto por gerações passadas e agora manifesto pelo Espírito.

A Bíblia é como um espelho. Você pode olhar para ela e, por sua misericórdia, Deus permitirá que você veja a verdade a respeito de si mesmo. Às vezes a aparência é boa, às vezes não é, mas é assim que funciona. Gostamos de dizer que a Bíblia é que nos lê! O Autor olha por cima de nossos ombros e mostra aqueles velhos traços, aquelas velhas características, aquela velha natureza, aquela velha imagem daquele velho homem que herdou corrupção de nossos ancestrais, Adão e Eva. Mas não termina aí. A Palavra é viva e ativa, e cheia de poder.

Quando sentimos cansaço mental, quando não existe muita fé em nosso coração, quando achamos que não conseguimos prosseguir, essa Palavra é a ferramenta sobrenatural do precioso Espírito de Deus para nos santificar, para nos lavar, para nos edificar, de maneira individual e coletiva, transformando-nos no perfeito reflexo da glória do próprio Deus Todo-poderoso. Essa glória foi vista em um homem, em Jesus Cristo. Por quê? Porque ele era Deus. Ele não poderia ser outra coisa senão ele mesmo. Agora, Deus nos está tornando como ele, de modo que um dia as coisas serão como foram no começo. A humanidade foi criada à imagem, como uma impressão digital, como reflexo divino do Deus Todo-poderoso para que sempre pudéssemos estar em êxtase, comunhão e ligação com ele.

Próximo passo: intimidade

> "Portanto, agora vou atraí-la; vou levá-la para o deserto e falar-lhe com carinho. Ali devolverei a ela as suas vinhas, e farei do vale de Acor uma porta de esperança. Ali ela me responderá como nos dias de sua infância, como no dia em que saiu do Egito. Naquele dia", declara o Senhor, "você me chamará 'meu marido'; não me chamará mais 'meu senhor'." (Oseias 2.14-16)

As Escrituras indicam que, quando você permanece firme em sua decisão e uma vez que você tenha vivenciado a experiência do deserto, você passará a conhecê-lo intimamente, como marido e mulher passam a conhecer um ao outro quando se casam.

"E a esperança não nos decepciona, porque Deus derramou seu amor em nossos corações, por meio do Espírito Santo que ele nos concedeu" (Romanos 5.5). De repente, no lugar da esperança além da esperança e da fé além da fé, entramos numa experiência divina — aquele tangível bastante intangível: Jesus me ama, isso eu sei.

Isso significa que nos regozijamos quando nossos sonhos parecem acabar, quando nossos anseios permanecem estar além do alcance de nossos dedos. Optamos por nos gloriar "nas tribulações, porque sabemos que a tribulação produz perseverança; a perseverança, um caráter aprovado; e o caráter aprovado, esperança" (Romanos 5.3,4). Isso nos torna mais e mais semelhantes àquele que derramou seu sangue em amor por nós.

A santificação é progressiva. Você está crescendo em unção e entendimento. Está crescendo na semelhança a Cristo. Há coisas dentro de você que estão sendo curadas.

Quando aceitou o Senhor Jesus Cristo, você foi transferido do reino das trevas para o Reino de Deus, um reino de luz e vida. Mas você não foi aperfeiçoado instantaneamente. Lemos em 2Coríntios 3.18: "E todos nós, que com a face descoberta contemplamos a glória do Senhor, segundo a sua imagem estamos sendo transformados com glória cada vez maior, a qual vem do Senhor, que é o Espírito". Estamos sendo transformados. Ainda não estamos prontos.

Existe uma cena linda em Marcos 1.40-42. Um homem com lepra vai até Jesus, ajoelha-se e diz: "Se quiseres, podes purificar-me!". Você já viu alguém com hanseníase? Eu, Mahesh, já vi muitas em meus cultos de cura na África. Em certas partes do mundo a hanseníase ainda é um problema. Você olha e percebe que os dedos caíram e no lugar existe apenas um toco. Os pés basicamente se tornam tocos; o nariz e as orelhas caem. É uma doença horrível.

Imagine por um momento aquele homem que fora afastado da sociedade, dos amigos, da família. Deformado, infeccioso, possivelmente sem dedos e sem nariz, ele vai até Jesus e afirma "Podes purificar-me!". Cheio de compaixão, Jesus estica a mão na direção do leproso e o toca. Talvez aquele homem não sentisse o toque humano havia anos. Agora, o próprio Deus coloca a mão sobre ele.

Talvez você se sinta deformado como aquele homem que precisava do toque de Jesus. *Estraguei tudo. Fiz isso. Não fiz aquilo. Meu sonho morreu. Acabou.* Muitas pessoas parecem grandes do lado de fora, mas por dentro estão cheias de feridas. Seja qual for sua culpa ou dor, hoje Jesus está cheio de compaixão. Ele não diz "É isso mesmo, seu canalha. Suas orelhas e dedos caíram porque sua canalhice é demais para o céu". Quando estamos perdidos em nossas feridas, tendemos a pensar que é assim que Deus nos vê. Precisamos levar as feridas purulentas ao Calvário e deixar que as águas amargas sejam purificadas. Ele não censura. O Senhor estende a mão e diz: "Quero conhecê-lo mais intimamente".

Mude de canal

Bonnie e eu temos tentado disciplinar-nos de modo que não nos concentremos na dor e no sofrimento. Uma de minhas irmãs mais queridas morreu num acidente horrível. Contudo, você raramente nos ouve falar sobre isso, senão de uma maneira redentora. Durante o funeral dela, determinei que a semente enterrada naquele dia produziria mil vezes mais. Sabe de uma coisa? Foi naquele ano que comecei a ir à África para ministrar. Desde aquela época, este ministério levou mais de um milhão de almas para Jesus.

Veja outro exemplo. Falamos bastante no livro *Storm warrior* [O guerreiro da tempestade, no prelo por Editora Vida] sobre o pai de Bonnie, um *cowboy* tido como um dos grandes xerifes dos velhos tempos na história do estado norte-americano do Novo México, bem como um grande pai. Ele foi assassinado em sua casa, e o atirador nunca foi condenado. Mas não ficamos rodeando a tragédia. Aprendemos que, quando coisas assim acontecem, você as trata de maneira redentora e, então, muda de canal.

Se você está ruminando aquela dor, aquela ferida, aquele abuso, aquela fraude da qual você foi vítima, mude de canal. O capítulo 5 de João nos conta a história de um homem paralítico que permanecia sentado junto às águas curadoras do tanque de Betesda havia trinta e oito anos.

Jesus pergunta se ele quer ser curado e você vê imediatamente onde está sua fraqueza. Ele não dá uma resposta clara como "Sim, Senhor! Quero andar!".

Sou culpado por meu sonho ter acabado?

Não, ele começa a reclamar. Recita a lista completa de suas desculpas: "Estou completamente só; não tenho ninguém que me ajude; os outros me decepcionaram; as pessoas sempre chegam antes de mim; nunca tenho chance". Se você está agindo assim, pondo a culpa nos outros, você é como aquele homem. E o Espírito Santo diria a nós individualmente e como Igreja: Supere isso. Levante-se, pegue seu leito e siga por seu caminho. Chega de ficar deitado por aí; chega de sentir tristeza por si mesmo.

Lemos em 1Samuel 30.1-6 que Davi e seus homens voltaram da batalha para a cidade de Ziclague e encontraram a cidade queimada e as mulheres e crianças levadas cativas. As próprias esposas de Davi haviam sido levadas. Agora, como se não bastasse ele estar angustiado pessoalmente por aquilo que havia acontecido, os homens começaram a pensar em apedrejá-lo. Ninguém o incentivava. Todos diziam: "É culpa dele. Vamos apedrejá-lo!".

Davi tinha motivos reais para desistir, mas fora ungido para ser o próximo rei de Israel. Assim, ele se animou, reuniu os homens para resgatar seus entes queridos e suas posses — e, em 72 horas, ele era rei sobre Israel! Em seu momento mais escuro ele reuniu coragem no Senhor. Poderia ter desistido, mas não desistiu e, numa questão de horas, cumpriu seu destino.

Alguns anos depois, o rei Davi enfrentou outra provação terrível, quando seu filho com Bate-Seba adoeceu. Davi sabia jejuar. Sabia orar. Se houvesse alguém que pudesse pedir a Deus em favor de uma criança inocente, Davi era essa pessoa. Mas Deus é Deus. E, por suas próprias razões, ele optou por não curar aquela criança. O menino não melhorou; na verdade, morreu.

Ora, Davi não ficou amargurado. Não se afundou na autopiedade, questionando: "Por que Deus não ouviu o meu clamor? Por que meu filho não foi curado? Se há alguém que tenha trazido a glória de volta a Israel, essa pessoa sou eu. A glória do tabernáculo está aqui. Adoramos a Deus 24 horas por dia. Por que a glória de Deus não pôde curar meu filho? Deus, achei que o Senhor me amava. Por que não respondeu à minha oração?".

Não. Davi confiou em Deus no meio de seu desapontamento. Lavou o rosto e seguiu adiante. Precisamos aprender a fazer o mesmo. Você pode ter sofrido abuso. Lave o rosto e siga adiante. Pode ter sido traído. Lave o rosto e siga adiante. Talvez alguém tenha roubado seu dinheiro, sua herança. Lave o rosto e siga adiante. Pode ter sido molestado, sofrendo feridas profundas que não pode sequer descrever. Mas saiba que você se tranca em sua própria prisão quando não segue adiante. Você precisa levantar-se, lavar o rosto e buscar o doador da vida.

Jesus foi

> desprezado e rejeitado pelos homens,
> um homem de dores
> e experimentado no sofrimento.
> Como alguém de quem
>   os homens escondem o rosto,
>   foi desprezado,
> e nós não o tínhamos em estima.
> Certamente ele tomou sobre si
>   as nossas enfermidades
> e sobre si levou as nossas doenças;
> contudo nós o consideramos
>   castigado por Deus,
> por Deus atingido e afligido.
> Mas ele foi transpassado
>   por causa das nossas transgressões,
> foi esmagado por causa
>   de nossas iniquidades;
> o castigo que nos trouxe paz
>   estava sobre ele, e pelas suas feridas
>   fomos curados (Isaías 53.3-5).

Será que Jesus entende suas falhas, seu fracasso, suas feridas? Sim, ele enfrentou tudo isso por você, e agora o ministério dele é orar por você. Ele acredita que você pode levantar-se, lavar o rosto e seguir adiante. Quando você o vir, ele fará que você esqueça que já foi devastado por um problema.

Este é um dia de salvação para nós, um dia de cura. Se você tem carregado certas mágoas, desapontamentos e feridas — talvez por bastante tempo —, então deixe que Deus o tome em seus braços e as cure.

A perspectiva correta

Um dos alunos de nosso seminário nos deu um *insight* maravilhoso. Ele dizia como queria apossar-se do fato de que as coisas profundas de Deus eram suficientemente simples para uma criança, algo que enfatizáramos repetidas vezes em nosso ensino e pregação.

Ele contou que tivera muitas dificuldades com uma questão difícil e complicada. Certo dia, estava em seu local de oração dizendo: "Deus, por que o Senhor não me ajuda? Por que me deixa sozinho para sofrer desse jeito?". Esse clamor do coração levou-o a ponderar as palavras que Jesus proferiu na cruz: "Meu Deus! Meu Deus! Por que me abandonaste?".

De repente, o jovem entendeu, de uma maneira que jamais houvera considerado antes, que aquelas palavras revelam como Jesus era plenamente homem quando sofreu e morreu por nós. Naquele momento, cheio da fraqueza e da fragilidade de um homem que chegara ao fim de suas forças, Jesus clamou: "Por quê?". E, quando o fez, incluiu cada "Por quê, Deus?" que qualquer um de nós enfrentará na vida.

Nosso jovem amigo nos ensinou uma grande lição naquele dia. Podemos perguntar a Deus cada quem, o quê, quando, onde e como, mas Jesus já perguntou todos os porquês.

Uma reação comum diante dos problemas é perguntar "Por quê?". Considere essa linha de pensamento como sendo uma "terra" da qual é melhor manter-se longe. Você não tem passaporte nem visto para ir à "terra do 'porquê?'". Se cruzar essa fronteira, você será preso e ficará detido indefinidamente. Mantenha-se afastado dali. Tire sua mente dos problemas e a concentre no favor de Deus. Tome a decisão de não pensar tanto nos problemas e pensar mais na glória.

Não podemos dar-nos ao luxo de ser pessoas indecisas ou que tomam decisões ruins. O fato é que a indecisão é a pior decisão que você pode tomar. Decisões de fé em resposta ao chamado de Deus moverão céu e terra para fazer que a bênção chegue até você.

Hudson Taylor disse: "Não importa quão grande é a pressão. O que importa é onde está a pressão". Quando a pressão chega, ela se interpõe entre você e Deus? Ou a pressão está fazendo que você chegue mais perto de Deus? Deixe que a pressão produza o caráter que Deus quer produzir em todos nós.

Mas esse processo se inicia ao tomarmos as decisões corretas. Perseverança, caráter e esperança são produzidos em nós apenas quando escolhemos a perspectiva correta, a atitude correta.

Perdão é uma decisão. Arrependimento é uma decisão. Sabedoria é uma decisão. Obediência é uma decisão. Saúde é uma decisão. Coragem é uma decisão. Paz é uma decisão. Luz é uma decisão. Amor é uma decisão. Bênção é uma decisão. Provisão é uma decisão. A vida em si é uma decisão. A Palavra diz: "Escolham hoje a vida ou a morte, a bênção ou a maldição" (veja Deuteronômio 30.19).

Mantenha-se vivo

Por que os sonhos acabam? Fizemos alguma coisa errada? Não, o Espírito nos conduz ao deserto da provação para tratar nossa carne de modo que nos livremos dela e reformemos as prioridades de nossos ideais. Isso nos dá a oportunidade de sair do deserto experimentando o poder do Espírito Santo, a zona de glória!

Desse modo, queremos tirar você das garras da voz que acusa: "Você falhou. Você errou. Você não consegue. O que há com você? É culpa sua".

Queremos libertá-lo disso e pedir que você sinta fome da presença de Deus. Abra espaço para ele. Deus quer preencher o lugar que você preparou para ele. Veja o que ele disse no evangelho de João: "Não permitam que esta situação os aflija. Vocês confiam em Deus, não confiam? Confiem em mim" (João 14.1, *A Mensagem*). Se você acredita nele, o Deus do céu disse que nada deve perturbá-lo. Não fique ansioso por nada.

O coração humilhado pelas provações é o lugar de habitação de Deus. O texto de Isaías 40.3 fala sobre uma voz que clama no deserto, chamando-nos a preparar o caminho do Senhor. É no deserto que abrimos espaço para ele. Se você está passando por um momento de sequidão, então, no deserto, prepare um caminho para o nosso Deus. "Todos os vales serão levantados, todos os montes e colinas serão aplanados" (Isaías 40.4). Arrogância e orgulho nunca o verão. Mas o coração humilde se tornará um lugar de habitação para nosso Deus grandioso, aquele que governa dos céus. Quando a visitação real acontece, acontece para aquele que se humilhou no temor do Senhor. Em questão de visitações santas, o melhor caminho é de cima para baixo.

Quando jogou aquela árvore na água amarga, Moisés estava exercendo sua fé no Senhor da glória. Lemos em Gálatas 3 que

> Cristo nos redimiu da maldição da Lei quando se tornou maldição em nosso lugar, pois está escrito: "Maldito todo aquele que for pendurado num madeiro". Isso para que em Cristo Jesus a bênção de Abraão chegasse também aos gentios, para que recebêssemos a promessa do Espírito mediante a fé (Gálatas 3.13,14).

Quando pegou aquela árvore, Moisés estava exercendo sua fé no Senhor da glória que viria e seria pendurado na cruz. E, pela fé no Messias que viria, Jesus Cristo, as águas foram curadas. Às vezes nos esquecemos de quanto o Deus Pai nos ama. Ele o ama. Aceite isso como uma revelação. Ele o ama tanto que permitiu que seu Filho derramasse seu sangue.

Sendo assim, quais são suas águas amargas? Você se manterá vivo. Você conseguirá. E, quando conseguir, você poderá dar aos outros o mesmo consolo que recebeu.

Capítulo 3
UM CONVIDADO PARA O JANTAR

Pois aquilo que não lhes foi dito verão, e o que não ouviram compreenderão.

Isaías 52.15

A sunamita fala...

Depois de duas décadas de casamento, ainda não tínhamos filhos. Esforcei-me muito para controlar meu espírito e encontrar paz na humilhação. Transformei-me na esposa perfeita em todos os aspectos que me eram possíveis. Superei a vergonha que sentia ao encarar outras mulheres que tinham filhos com a mesma facilidade que uma galinha põe seus ovos. Deixei de sentir culpa por ter decepcionado meu marido. Deixei de me encolher diante do desapontamento que meu pai teria sentido caso ainda vivesse e soubesse que não havia gerado um herdeiro para suas posses. Deixei até mesmo de esperar que a semente de Joctã pudesse encher meu ventre. E Joctã — que, em sua bondade, nunca considerou fazer uso do direito legal que tinha de se divorciar de mim — estava ficando velho.

Apeguei-me à sabedoria como se ela pudesse vir a mim, e não a deixei ir. Tinha uma vontade muito forte e encontrei paz, finalmente — *shalom*, a palavra de minha mãe. "Está tudo bem."

Então, certo dia, Eliseu veio a Suném.

As leis da hospitalidade têm raízes profundas em nossa cultura. Não dispomos de hospedarias, de modo que os viajantes ficam perto do poço da idade, do portão ou na praça à espera de um convite. Qualquer cidade que deixasse um viajante encontrar abrigo numa esquina ou nos becos era uma cidade cujos moradores careciam de nobreza. Essa cidade estava sujeita a uma maldição. Nossa hospitalidade era, acima de tudo, uma questão humanitária. Compartilhar um copo de água e comer na mesma mesa podia unir homens, famílias e até mesmo nações. Alianças eram elaboradas nas mesas; a paz era negociada entre inimigos. Israel tem muitas histórias sobre o anjo do Senhor disfarçado de estrangeiro em nosso meio. Abraão, Gideão, Raabe, todos receberam estranhos, e a bênção do Senhor habitou entre eles.

Mas eu não estava muito disposta a receber ninguém naquele dia.

Acabara de chegar de minha visita semanal às viúvas de várias famílias pobres. Suas mãos trêmulas pegavam o *pithori* cheio de azeitonas, o *lebne* ou os figos, e os chalés que havíamos tecido com nossa lã. Eu ajudava minha mãe, alimentava e vestia minha avó e as mantinha vivas. Lembrava-me de minha própria herança, e meu anseio por Deus era satisfeito através de minhas ações.

Perto do meio-dia, Joctã e seus trabalhadores estariam voltando dos campos e minhas criadas fariam os preparativos para a refeição. Cruzei os portões da cidade a fim de voltar para casa, saudando com a cabeça todos os chefes de clãs ali presentes. Todo assunto importante era tratado dentro daquela fortaleza. Ali um homem poderia fazer um apelo por misericórdia e receber justiça. Logo após a entrada, cheguei ao burburinho dos habitantes da cidade que eu mais conhecia, e a maioria deles fazia parte de algum ramo de nossa árvore genealógica. Eles se moviam com rapidez extra porque a tarde anunciaria o *shabbat* e toda movimentação deveria cessar.

Eu cruzava a praça principal, com minha ajudante Rachel atrás de mim, quando o notei. O homem e seu servo seguiam caminho pela viela que levava para longe do poço da cidade. Sua atitude me chamou atenção do mesmo modo que um sussurro faz que você se volte na direção daquele que fala para entender melhor o que ele está dizendo.

O homem caminhava de maneira cortês, subindo a rua na direção contrária dos pedestres.

Ao olhar para trás, percebo que tive um leve despertar daquilo que leva uma pessoa numa direção antes mesmo que a mente entre em cena. Talvez você entenda isso. Para mim, é como pegar uma abelha por um instante, prendê--la na palma da mão e sentir suas pequenas asas zunindo contra minha pele. Um abismo chama outro abismo onde a lógica e o raciocínio não compreendem num primeiro momento. É parcialmente intuição feminina, talvez; porém é mais do que isso, penso eu: é o dedilhar do Senhor nas cordas do espírito de uma pessoa. Naquele dia, a unção me faz desviar de minhas próprias preocupações para as questões dos viajantes que passavam pela via principal de Suném, e vi-me seguindo seu caminho.

Suponho que eu não o teria notado no meio de uma multidão. Ele vestia as roupas comuns de um israelita, o *beged*, e sua barba bem feita mostrava alguns fios grisalhos no queixo. Sua cabeça, quase toda calva, era coroada por um tufo de cabelo bem curto. Uma peça particular de seu vestuário contrastava com sua atitude nobre: sobre um dos braços estava uma capa rude feita de pele de cabra, o tipo de peça de que eram feitas as tendas que os pastores do deserto costumavam usar. Ele parecia ter a minha idade.

Junto com ele havia outro estrangeiro que aparentava ser seu servo. Era mais baixo e mais jovem. Mas foi o comportamento régio de seu mestre que me chamou a atenção. Não vi nenhuma bagagem com eles, apenas um bordão e uma vasilha de couro para levar água.

As palavras se sacudiam no meu estômago: convide-os. Não pensei duas vezes. Aproximei-me dos homens e disse:

— Senhores, vocês têm algo preparado?

Talvez surpreso com o fato de um convite tão direto ter vindo de uma mulher que caminhava sozinha pela rua, o homem mais alto ficou me olhando por alguns instantes. O segundo homem ficou animado. Perguntei outra vez.

— Vocês já têm algum lugar onde ficar ou jantar?

— Obrigado, senhora, mas estamos descendo para minha cidade, no sul — respondeu o mestre. Jantaremos ali no *shabbat* — disse. Apontou para a vasilha de couro úmida que seu servo carregava. — Paramos apenas para encher nosso odre em sua cisterna. Nossos assuntos aqui já estão encerrados, embora eu agradeça sua bondade.

— Que não se diga que os estrangeiros não são bem tratados em Suném — disse eu. — Permitam-me oferecer-lhes minha mesa antes do *shabbat*. Ela será mais abundante com sua presença e poderíamos receber uma bênção.

O servo parecia feliz com minha insistência. Seu mestre arrumou o manto de pelos negros e também parecia estar considerando aceitar meu convite.

Não sabia por que ele hesitava. Talvez minhas roupas de esposa de um homem nobre o estivessem impedindo. Era comum os nobres se alinharem com o rei de Israel, até mesmo por lucro. Joctã era generoso, e eu ostentava as joias dele, como era o costume das mulheres casadas. A argola que eu usava no nariz tinha quase meio *shekel* de ouro, e os braceletes nos meus pulsos pesavam cerca de dez quilos.

Insisti na oferta.

— Vocês dois são bem-vindos — disse eu. — Descansem em nosso lar apenas até passar o calor do dia. Vocês certamente estarão em casa antes do toque do *shofar*.

Ele olhou para o portão, como se calculasse o atraso.

— O que você acha, Geazi? — disse o homem a seu servo.

— Aceitamos o convite da senhora e ficamos um pouco mais na cidade?

Um convidado para o jantar

Geazi esfregou a barriga magra.

— Um convite atraente, meu senhor — disse ele. — Algum alimento certamente seria bem-vindo. — Um sorriso entusiasmado se espalhou por sua face. — Não devemos ofender uma anfitriã tão amável.

— Teremos prazer em recebê-los — insisti. — O caminho é curto e nossa mesa será farta. Depois de se saciarem, fiquem à vontade para seguir seu caminho.

Enfiando a ponta de sua veste no cinto de couro, o homem finalmente aceitou.

— Agradecemos sua insistência — disse ele. — Somos muito gratos, senhora. Eu e meu servo seguiremos suas orientações.

— Bem-vindos, senhores — respondi. — Bem-vindos a Suném e à casa de Joctã e nossos pais.

Assim que pronunciei essas palavras, outros vieram oferecer hospitalidade. Com um sorriso, expliquei rapidamente que eles seriam hóspedes da casa de Joctã. O olhar de desapontamento de todos me deu a sensação de que eu havia ganhado um prêmio valioso!

Aquele hóspede era diferente de qualquer outro que já havíamos recebido. Fui cativada por sua natureza despretensiosa, embora ele fosse versado em muitos assuntos. Descobrimos que seu nome era Eliseu e que ele era de Abel-Meolá. Falou-nos sobre sua juventude e que viera de uma terra e de um lar semelhante ao nosso. O clã de seu pai possuía um latifúndio ao sul e a oeste do rio Jordão. Joctã os conhecia.

O convidado não falou de esposa ou filhos, mas conhecia agricultura e sabia como tratar a terra para ceder à força do arado e da enxada. Os homens ficaram fascinados e animados ao compararem detalhes sobre semeadura, cultivo, armazenamento, ângulos e cumprimentos de lâminas de arados usados em platôs em comparação com aqueles

67

utilizados em planícies abertas. Riram até a conversa sair da agricultura e rumar para a guerra.

A milícia de Issacar saiu com as tribos antes da temporada, quando o rei Jorão convocou uma coalizão especial para reinar em Moabe e restituir o tributo que eles pagavam aos cofres de Israel sob o governo de Acabe. Os filhos de Suném estavam entre os insultados que voltaram para contar sobre o terrível espetáculo no muro, quando Mesa sacrificou seu filho no final do cerco. Nosso convidado fora testemunha do momento em que Javé abriu as fontes do deserto e proveu água aos homens e ao gado de Israel.

Fiquei sentada, sem respirar, até que o homem e seu servo se levantaram para sair. Geazi juntou as vestes e o odre que estavam perto de seus pés. Pegou mais duas ou três azeitonas e encheu a boca. Entreguei a Geazi a comida que havia preparado para a viagem e desci com os homens até o pátio. Enquanto nossos convidados cruzavam o portão, o sol da tarde brilhava forte. No entanto, algo muito mais brilhante que a luz do sol parecia inundar nossa casa naquele dia. Era uma Presença, uma sensação de alegria e esperança nas coisas que não se podiam ver. Quando os convidados se foram, pareceu-me que outro havia ficado. Assim, um dia que começara como qualquer outro seria o mais importante de toda a minha vida. Era *moed*, aquele momento especial em que o tempo e o destino se encontram em uma única ocasião para tocar gentilmente as orações de esperança e a paciência obediente. Não que eu creia que você possa comprar um milagre com todas as orações dos santos ou a obediência dos jumentos. Mas oração e fidelidade irão sustentá-lo enquanto você estiver esperando.

E nós ouvimos...

Lemos em 2Reis 4.8 que a sunamita "insistiu" para que o grande profeta comesse pão ou fizesse uma refeição. Num sentido literal, a expressão original quer dizer *agarrou-o*. É como se ela tivesse ido até ele, segurado seu braço e dito "Você vem comigo, e não aceito um não como resposta!". Alguma coisa estava compelindo a sunamita a levá-lo para sua casa. É claro que a hospitalidade estava em jogo aqui, mas havia outras coisas. Ela estava faminta de algo que havia captado naquele homem.

Quando lemos a história bíblica, é possível perceber que, num primeiro momento, a sunamita não sabia que aquele era um dos grandes profetas de Israel. Talvez ela o tenha visto junto ao poço da cidade; talvez tenha sido no mercado. Antes de saber sua identidade, ela discerniu algo da glória que a levou a convidar Eliseu para ir a sua casa. Portanto, percebe-se que ela não estava atrás de uma "personalidade". Ela não ouvira algo como "O grande profeta está chegando à cidade e, se você for a tal lugar a tal e tal hora, poderá encontrar a Deus também". Não, ela estava fazendo o que fazia normalmente, o que, para uma mulher israelita de sua cidade, provavelmente incluía a benevolência. Está claro que a sunamita era uma mulher que temia ao Senhor. Ela estava realizando suas atividades corriqueiras. Por ser fiel, religiosa, piedosa e crente em Deus, seu caminho cruzou o de um homem em quem ela discerniu a presença do Santo de Israel. E, quando reconheceu isso, ela agiu.

Você também descobrirá que seu momento *kairós* surge pelo simples fato de fazer fielmente tudo aquilo que é exigido ou costumeiro. Conforme você age assim, Deus faz que seu caminho cruze com a glória divina. Quando colocar o pé na estrada, você vai querer ser capaz de discernir isso, de modo que saiba o que fazer. Afinal de contas, esse é o propósito de ser profético. Quando entender os tempos e as épocas, você saberá o que fazer.

Tanto Eliseu como a sunamita eram descendentes de Issacar. Lemos em 1Crônicas 12.32 que os chefes "da tribo de Issacar [...] sabiam como Israel deveria agir em qualquer circunstância". Aquele povo era profético. Eles não dormiam no ponto. Essa é parte da razão de ela ter discernido algo quando se encontrou com ele. Ela não sabia quem era aquele homem, mas reconheceu a glória que habitava nele e, com esse discernimento, soube o que fazer.

O que é discernimento?

Certo dia, do nada, eu, Mahesh, senti-me compelido a dizer algo a nossa filha Anna, que estava estudando em casa. Não foi uma palavra forte como um furacão; foi apenas um toque do Espírito. Eu lhe disse:

— Anna, amanhã, não vá com o carro do papai para a escola. Vá com o carro da mamãe.

— Tudo bem, papai — disse ela.

Enquanto dirigia no dia seguinte, ela passou em cima de uma poça de óleo no caminho e bateu o carro. Foi um acidente terrível; o carro ficou completamente amassado. Mas ela estava num carro que tinha *air bags* — e o meu carro, com o qual ela normalmente ia para a escola, não tinha —; aquilo salvou sua vida. O Espírito me deu uma orientação simples e gentil, e fui capaz de segui-la. Agradeço a Deus hoje pelo fato de ela estar disposta a dar ouvidos a esse discernimento.

Discernimento significa "reconhecer e fazer distinção". Discernir espíritos é reconhecer e fazer distinção entre espíritos. Temos uma expressão sinônima, que é "bom senso". A palavra hebraica vem de uma raiz que significa "planejar ou fazer um plano". É usada em relação a Deus num sentido positivo. Quando Deus nos dá discernimento, agir com bom senso significa saber o que fazer. Lemos em Provérbios 2.11: "O bom senso o guardará, e o discernimento o protegerá". Tal qual um aspecto de segurança pessoal, o bom senso e o entendimento estão presentes em sua vida para sua proteção, para que nada o prejudique. Por meio deles, somos capazes de ser aquilo que Jesus recomendou: "astutos como as serpentes e sem malícia como as pombas".

Os sacerdotes antigos carregavam o Urim e o Tumim sobre o coração. Aquelas pedras representavam a voz do Senhor repousando sobre o coração daquele que crê.

Assim como temos os sentidos físicos — visão, olfato, paladar, tato e audição —, temos as mesmas habilidades no mundo espiritual. A Palavra diz: "Provem, e vejam como o Senhor é bom" (Salmos 34.8). "Aquele que tem ouvidos ouça o que o Espírito diz às igrejas" (Apocalipse 2.7). Você pode "sentir" a presença do mal. Deus não quer que ignoremos esses sentidos.

Pense nisso da seguinte maneira. No mundo físico, a mãe vai comprar uma carne que tenha uma boa cor e cheiro de fresca para o jantar de sua família. Se a carne estiver podre, ela vai notar imediatamente. Os sentidos espirituais funcionam

71

praticamente da mesma maneira que os sentidos físicos. Se algo não está em sincronia com Deus, com sua natureza ou com sua presença, você terá tanta consciência disso quanto teria ao cheirar carne podre. O texto de Hebreus 5.14 nos fala sobre o desenvolvimento dos sentidos espirituais através do uso constante. Depois de desenvolver seu discernimento, será muito difícil ignorar algumas das coisas que você vai sentir! Isso nos ajuda a optar pelo bem e a não ceder a algo que venha de um espírito pervertido ou obscuro.

Algumas pessoas fecham a porta para tudo o que é espiritual a fim de que não sejam susceptíveis ao engano, mas com isso perdem as coisas boas que Deus está fazendo. Devemos ser homens e mulheres de discernimento — não para julgar os outros ou "predizer o futuro", mas para cumprir nosso chamado a sermos crentes maduros.

Discernindo a voz do Senhor

O discernimento não é uma habilidade que alcançamos automaticamente. Muitas pessoas tendem a pensar que ouvirão a voz de Deus automaticamente porque nasceram de novo. As coisas não acontecem dessa forma. Precisamos aprender a reconhecer a maneira como Deus fala conosco.

O Espírito Santo geralmente nos treina de três maneiras particulares. A primeira é por meio das Escrituras. Podemos obter discernimento à medida que crescemos no conhecimento de sua Palavra. Se uma pessoa veste uma fantasia de bruxa e vai à sua casa levando uma vassoura, por exemplo, seu discernimento lhe dirá que ela não é uma pessoa de Deus. Se alguém diz que tem uma profecia para você, mas espalha suas cartas de tarô sobre a mesa, você não precisará de um discernimento extraordinário para perceber que isso é ruim aos olhos de Deus. A Bíblia nos diz para evitar essas coisas.

A seguir, o Espírito Santo nos treina por meio de um sentido desenvolvido que é capaz de reconhecer sua presença. De maneira bem simples, o começo é ouvir. Lemos em Isaías 30.21: "Quer você se volte para a direita quer para a esquerda, uma voz atrás de você lhe dirá: 'Este é o caminho; siga-o'". Se você não ouvir, não saberá qual é o caminho. Deus pode falar tanto com uma voz calma e tranquila como por meio de sonhos, de visões ou por alguma outra pessoa que lhe diga uma palavra.

Se você acha que aquilo que ouviu é do Senhor, faça uma prova. O Senhor não contradirá aquilo que já disse em sua Palavra escrita. Se uma voz falar algo diferente, não é a voz dele. Ele sempre edificará o Reino de Deus, salvará almas e confortará famílias.

Você descobrirá que a profecia é sempre uma experiência coletiva. Quero dizer com isso que os indivíduos costumam ver e ouvir em partes. Quando nos reunirmos e compartilharmos uns com os outros aquilo que ouvimos do Senhor, teremos um quadro mais completo.

A seguir, o Espírito Santo nos ensina por meio de um caráter cada vez mais piedoso. Assim que ouve uma palavra vinda de Deus, você aprende a obedecer. Sempre que faz aquilo que Deus lhe diz, você ganha confiança para a ocasião seguinte. À medida que crescer em sua maturidade, você verá mais e mais frutos. Então se disporá a ir mais fundo.

Isso não é complicado nem misterioso. Na verdade, a sofisticação tende a atrapalhar que alcancemos a verdadeira profundidade. Lemos em Salmos 42.7 que "abismo chama abismo".

Se você estiver a apenas um centímetro de profundidade, existe pouca profundidade chamando profundidade. Pode ser apenas superficialidade chamando superficialidade. Se permanecer ali, você nunca chegará à profundidade da grandeza, da bondade e da maravilha de Deus. Além disso, é na superfície que ficam todas as tempestades. Quanto mais fundo em Deus você estiver, menos será afetado por qualquer tempestade que houver lá fora.

É importante não deixar que suas emoções anulem seu discernimento. A viúva de Sarepta é um bom exemplo. Deus disse a Elias que ordenara a uma viúva para alimentá-lo. Assim, Elias foi até a senhora e disse:

— Por favor, dê-me algum alimento.

Ela respondeu:

— Quem é você? Não tenho nada.

Deus havia falado com ela? Certamente. O próprio Deus disse: "Ordenei a uma viúva daquele lugar que lhe forneça alimento". Mas ela não o ouviu. Estava concentrada demais em sua própria situação dolorosa. Por fim, diante da insistência do profeta, ela obedeceu e foi capaz de ver sua situação transformada.

As emoções negativas podem impedi-lo de ouvir a voz do Senhor. Quanto mais introspectivo você estiver, mais isolado ficará — até mesmo de Deus. Por isso é importante voltar sua atenção para Deus por meio de ações como louvar e adoração. Optar por concentrar-se nele torna mais fácil ouvir a palavra milagrosa de Deus que abrirá canais de glória e bênção para você e sua família. Deus não quer deixá-lo sozinho. Ele quer abençoá-lo e dar-lhe livramento na situação em que você se encontra.

Começando a reconhecer a Presença

A sunamita discerniu que aquele era um homem santo de Deus. O que significa ser santo? A santidade é o principal atributo de Deus. Em Deus não há mistura, não há corrupção. Esse rio corre puro e, quando você bebe dele, tudo ganha vida.

Quando Deus está presente, tudo é santo. Luz e trevas não podem habitar no mesmo local. No confronto de reinos há o Espírito do Senhor e o espírito que não é do Senhor. Este é aquele que a Bíblia chama de espírito do anticristo. A palavra significa "aquele que se opõe ou que assume o lugar de". Você encontra o espírito do anticristo onde há mistura. Quando Jesus está presente, tudo é santo.

Nosso objetivo é acolher e permanecer na atmosfera da glória porque esse é o lugar onde nada é impossível para Deus. Um exemplo disso, ocorrido em nosso ministério, foi a ressurreição de um menino de 6 anos de idade no Congo. Na presença da glória de Deus, eu, Mahesh, recebi uma palavra específica de conhecimento. Eu disse: "Há um homem aqui. Seu filho morreu hoje pela manhã. Levante-se. Hoje Deus vai ressuscitar seu filho". Quando você dá uma palavra profética como essa diante de 40 mil pessoas, é melhor que algo aconteça! E aconteceu. Na glória, nada é impossível.

Há razões pelas quais a bênção chega. Bênçãos são liberadas porque você acolhe a presença de Deus, você abre espaço para a presença de Deus. Portanto, é importante que, à medida que Deus começa a realizar coisas — e cremos que vamos vê-lo realizar mais e mais — você comece a "tocar essa Presença". Ao tocá-la, perceba que não é você; é a presença de Deus trabalhando. Em outras palavras, não tenha ilusões megalomaníacas! É como a cena do filme *Guerra nas estrelas*, quando Luke Skywalker dá um berro depois de derrubar uma nave inimiga. Han Solo grita: "Grande garoto!". Então, vira-se para ele e adiciona: "Não fique convencido".

É bom fazermos obras importantes, mas também é importante não ficarmos convencidos porque é a presença de Deus que nos dará a vitória; é a presença de Deus que nos dará uma libertação que, de outro modo, seria inexplicável.

A contrapartida é não termos uma mentalidade de pobreza. Isso não surge automaticamente. Precisamos crer. Embora tenhamos sido libertados da escravidão, às vezes as pessoas pensam como se ainda fossem escravas. Deus precisa tirar de nós o coração de escravidão, assim como fez com os filhos de Israel. Precisamos pensar como sacerdócio real, nação santa. O Rei criador nos adotou em sua linhagem real.

Tudo começa com uma visitação

Tudo começa com uma visitação. Você aprende que, quando a presença de Deus "visita" você, ela deixa uma bênção. Deixa frescor. Torna você melhor do que era antes. Quando envolvidos pela gloriosa presença de Deus, você e sua família sempre experimentarão mais, mais e mais do Senhor. A visitação é maravilhosa — mas nosso objetivo é a habitação. Quando aceitamos, cuidamos e nutrimos essa chegada do Senhor, criamos a atmosfera propícia à habitação. É como dizer: "Deus, se o Senhor vai a algum lugar, então que vá à minha casa!".

Pense na sunamita. Ela disse: "Homem de Deus, se você está ainda a algum lugar, então que venha à minha casa. Se vai comer em algum lugar, qualquer lugar num raio de 500 quilômetros daqui, então será na minha casa. Você gosta de filé? Estrogonofe? Frango assado?".

Eu, Mahesh, passei algum tempo ministrando na França e meus anfitriões diziam:

— O que você gosta de comer?

— Gosto de *escargot* — eu dizia.

Bem, você pode estar dizendo *Argh!*, mas eu realmente aprecio *escargot*. Assim, eles me serviam *escargot* todas as noites. Aquelas coisas rastejantes que deixam uma trilha, sabe? Mas, quando você as cozinha com alho e salsinha, hum!

Assim, de maneira similar, se quisermos que a presença de Deus venha até nós, então devemos pedi-la. Dizemos assim: "Deus, eu a quero. Quero. Tenho fome de sua Presença".

Cremos que essa fome está inaugurando um novo período da Igreja. Já houve um período de reavivamento por meio de curas. Houve uma renovação carismática. Houve um movimento profético. Houve um momento em que os mestres vieram à frente. Tivemos o movimento de crescimento da Igreja. Tivemos Toronto e Pensacola. Mas foram apenas eventos precursores da manifestação da Presença que Deus está aguardando para nos dar.

Essa é a razão da visitação, e os que estão famintos por sua glória verão milagres que jamais foram vistos antes. Sentimos isso. Sentimos o cheiro da tempestade e ouvimos o som da abundância da chuva. Isso é para todos nós. Não é para um pequeno grupo de *superstars*. É para todo homem e mulher. E o momento é agora.

Ao recebermos a Presença, nossos lares podem tornar-se uma colônia dos céus na terra, e qualquer um que for até lá será abençoado. Tudo o que você tocar, tudo sobre o que impuser as mãos será abençoado.

Se a Presença estiver ali, tudo será abençoado, não importa o que seja — seus filhos serão abençoados, seus negócios serão abençoados. Acontece algo quando você cultiva uma atmosfera que acolhe a Presença. À medida que você se mover nessa autoridade, tudo se alinhará com a glória do Senhor — sua vida, seu lar, seu casamento, seu ministério. Tudo se dobrará ao nome de Jesus Cristo. Aquilo que você está esperando há quarenta anos acontecerá da noite para o dia. Não será pelo seu poder nem por sua força, mas pela Presença que vem para ressuscitar mortos, fazer o cego ver e restaurar lares.

Isso não é apenas para você, mas para muitos lares. Nos dias por vir, as pessoas irão à sua casa e perguntarão: "Posso encontrar a glória aqui? Posso ser tocado por ela? Meu filho está na prisão, minha filha está nas drogas — posso ser tocado?". Tudo porque você discerniu a Presença e acolheu a glória. Isso é visitação.

Quando eu, Mahesh, era um jovem e pobre estudante universitário que frequentava a Texas Tech, fiz de tudo para ir a um seminário de Bill Gothard. Eu não tinha um tostão no bolso, de modo que fiquei muito feliz ao encontrar, no meio de uma multidão enorme, uma família conhecida da cidade de Lubbock. Eles estavam na casa de um amigo e foram extremamente bondosos ao me acolherem. Eu poderia dormir no chão ou em qualquer lugar. Estava feliz por ter um lugar para ficar e estava certo de que dormiria a semana inteira no chão.

Naquela noite, fui com eles para o que se revelou uma casa maravilhosa. Uma mulher simpática nos recebeu à porta. Meus amigos me apresentaram e disseram:

— Este é nosso amigo da Índia que está estudando aqui na América. Ele precisa de um lugar para ficar e participar do seminário. Será que ele pode dormir no chão ou em algum sofá?

A dona da casa olhou direto para mim e disse:

— Não.

Pensei: *Ah, Senhor, isso é que é rejeição!* Mas ela continuou:

— Não, ele não vai dormir no sofá nem no chão. Ele vai dormir em nossa suíte principal. Eu e meu marido vamos dormir no sofá.

Tentei recusar, mas foi em vão. A mulher disse que eu só poderia ficar se usasse a suíte principal. Assim, agradeci profundamente.

Em pouco tempo fui levado a um quarto grande, com uma cama tipo *king size*. Nunca havia estado em algo parecido. Deite-me e dormi simplesmente maravilhado diante da provisão de Deus para mim.

De repente, às 3 horas da manhã, um barulho estrondoso me acordou. Era a época da guerra do Vietnã. Assim que consegui orientar-me, percebi que se tratavam de bombardeiros B-52 que decolavam da Base Aérea de Carswell, em Fort Worth, perto dali. Eles continuaram decolando, um atrás do outro, pela hora e meia seguinte. Tudo reverberava com aquele ruído. A casa tremia, as paredes tremiam, a cama tremia. Demorou bastante até eu conseguir voltar a dormir.

Na manhã seguinte, levantei e fui para a cozinha na esperança de encontrar uma xícara de café antes de ir para a reunião. Em vez disso, fui recepcionado por minha anfitriã, que disse: "Preparei um café para você".

Virei-me e vi que a mesa inteira estava cheia de comida: filé de frango frito, omeletes, ovos fritos, *bacon*, molhos, presunto, salsicha, todo tipo de bolos, geleias, compotas e frutas que eu nunca vira antes. Ela disse: "Isso tudo é para você. Nós já comemos". Eu não sabia o que pensar, mas sentei-me agradecido e comi o que pude antes de ir para a aula do seminário daquele dia.

Naquela noite, aconteceu a mesma coisa. Às 3 da manhã fui despertado pelos jatos que decolavam e fiquei acordado por conta daquele barulho enorme até que finalmente o silêncio voltou e pude voltar a dormir. De manhã, minha anfitriã mais uma vez havia preparado um maravilhoso café da manhã. Ela disse: "Ontem estávamos sem *kiwi*, mas consegui alguns para você hoje". Eu jamais teria notado. Não havia como comer toda a comida que ela havia preparado. Isso prosseguiu pelo terceiro, quarto e quinto dias do seminário.

Na última noite, mais uma vez fui para a cama; quando fui acordado no meio da noite, contudo, percebi que, desta vez, havia mais alguém comigo no quarto. Raios de luz dourados me cercavam. Nunca vira luz tão maravilhosa. Eram como arcos-íris vivos. Parecia que todas as galáxias do universo estavam comigo naquele quarto.

E, no centro, vi Jesus. Ele havia entrado no meu quarto. Fui completamente cercado por sua luz e presença. Perdi o fôlego. Não tinha certeza se estava vivo ou morto. Se estivesse vivo, queria morrer, pois não desejava separar-me da absoluta alegria e êxtase que estava experimentando. Não há nada na linguagem humana capaz de descrever a total alegria e o imenso prazer da presença de Deus. Vi exatamente ali que luz, amor e verdade são uma Pessoa, e seu nome é Jesus Cristo.

Então, à distância, comecei a ouvir uma sinfonia de instrumentos musicais que nunca escutara antes. A música começou a se movimentar, a tocar e a reverberar ao meu redor.

Percebi repentinamente que a fonte era o som dos B-52 decolando. Mas, conforme aquele ruído entrava na presença da glória de Deus, cada som se curvava ao nome de Jesus e era transformado num cântico e numa gloriosa sinfonia de louvor ao Cordeiro de Deus. Naquela noite, muitas de minhas definições se transformaram porque reconheci que tudo é Jesus.

Conforme a luz da manhã raiava, perto das 5h30, a glória começou a se recolher e o Senhor começou a sair do quarto. Eu queria que ele me levasse junto. Não queria estar em nenhum outro lugar que não fosse a sua Presença. E, a propósito, se você já teve alguma revelação da glória, a morte de seu corpo terreno tem uma definição completamente nova. Ausência do corpo, presença com o Senhor. Não há nada como a maravilhosa glória do Senhor. Mas a glória se recolhia pouco a pouco e o Senhor estava prestes a partir. Ele se voltou para mim, sorriu e disse: Eu o trouxe a esta casa. Seus olhos eram ternos e cheios de amor e compaixão, mas, ainda assim, transmitiam vitória completa. Ele disse: O *marido desta mulher pediu o divórcio e ela clamou a mim. Pus cura em sua boca para este casamento. Quando você falar, essa palavra vai curá-los, e o casamento será restaurado. Pus minha unção sobre você.* E então se afastou.

Arrumei-me e desci para a cozinha. Mais uma vez, a mesa estava posta como num banquete suntuoso preparado para um rei. Eu disse à minha anfitriã:

— O Senhor me visitou na noite passada.

— Eu sei — ela retrucou e então disse:

— Há alguns dias, meu marido veio a mim e, depois de catorze anos de casamento, disse que encontrara outra mulher e estava deixando nosso lar. Meu coração se partiu; fui ao meu quarto e clamei a Deus. Nunca chorei daquele jeito, e pedi a Deus que me ajudasse. Pela primeira vez na minha vida, ouvi a voz audível de Deus. Ele disse: *Mandarei meu profeta à sua casa e, quando ele chegar, trate-o como você me trataria. Ele trará cura para o seu lar.*

Aquela senhora sabia da minha chegada, por essa razão, preparou uma festa a cada manhã e me cedeu seu próprio quarto. Ela abrira espaço para que o Senhor viesse e tocasse sua vida e sua casa com sua hospitalidade. Ela estava preparando um lugar para seu amigo Jesus.

Não voltei àquela cidade por quase quinze anos. Quando voltei, descobri que o Senhor havia curado completamente aquele lar e restaurado seu casamento.

A oração que aquela mulher fizera em seu momento de enorme necessidade abriu espaço para o milagre de que ela tanto precisava, e muito mais. A visitação da glória que encheu meu quarto naquela noite foi uma resposta específica a seu clamor e me trouxe um depósito permanente de glória curadora que, desde então, levou cura a milhares de outros a quem ministrei ao redor do mundo.

A sunamita insistiu para que Eliseu a acompanhasse porque havia "algo de Deus" nele. A presença do profeta em sua casa confirmou seu discernimento. Ela logo percebeu, como veremos em instantes, que queria que aquela presença permanecesse ali e, assim, preparou um lugar para ele.

Que lição para nós enquanto buscamos abrir espaço para nosso milagre! Nossa confiança deve descansar na esperança de nossa salvação. A presença de Deus deve encher o lugar onde esperamos sua promessa. Conforme somos cheios a ponto de transbordar de obediência, adoração e serviço, à medida que desejamos acima de tudo abrir espaço para esse Convidado, nós o convencemos a vir!

Capítulo 4
CONSTRUA UMA HABITAÇÃO PARA DEUS

"Aquietai-vos e sabei que eu sou Deus."
Salmos 46.10, *Almeida
Revista e Atualizada*

A sunamita fala...

Depois do primeiro dia, Eliseu ficava em nossa casa sempre que vinha a Suném. Eu sentia, sem saber por quê, que aquele era um santo homem de Deus e, assim, esforçava-me para recebê-lo bem. Como de costume, ele e Geazi dormiam na cobertura de nossa casa quando o tempo era agradável. Quando esfriava ou chovia, transferíamos um servo de seu quarto e cedíamos o aposento aos nossos convidados. Nossa hospitalidade não o deixava em situação difícil.

O fato era que ainda sabíamos pouco sobre suas atividades. Às vezes ele ficava quieto e, em outros momentos, falava bastante. Conversava sobre a natureza do mundo e o clima entre Israel e Judá. Em outras ocasiões, recitava provérbios ou frases de nossa santa Lei. Entre os poucos pertences que carregava consigo estavam alguns rolos com os Dez Mandamentos e outros com cânticos de Davi, que ele abria e lia para nós. Às vezes sua feição era de raiva, e suspeito que a corte de Samaria estava por trás de seu desgosto. Tirando sua aflição, porém, ele era sempre bondoso e grato pelos atos de hospitalidade que demonstrávamos. Mas não pense que éramos abertamente íntimos. Embora, em pouco tempo, parecesse ele um membro de nossa família, havia tradições em nossa cultura, e eu tinha muito cuidado para não as desprezar.

Joctã às vezes parecia extasiado e interessado quando Eliseu nos dava a alegria de sua presença; em outras ocasiões, cochilava, em função de um longo dia de trabalho em nossa propriedade. Mas eu sempre me sentava aos pés de Eliseu, captando cada palavra como se fosse feita do ouro mais puro. Percebi que, a cada visita de Eliseu, eu estava sendo transformada. Desde os dias na casa de meu pai, eu não me sentia tão segura com respeito à graça de Javé.

Comecei a pensar em preparar um lugar fixo para ele ficar. Isso não seria incomum, pois nos tempos em que os juízes governavam nosso vale, algumas casas contratavam os levitas e os apoiavam com alimentos e provisões, uma vez que eles não tinham outra herança entre as tribos.

Falei com Joctã certa noite sobre isso, e ele se agradou da ideia.

Então tudo ficou acertado.

Contratamos pessoas para trabalhar no dia seguinte. Enquanto a construção prosseguia, visitei um carpinteiro e pedi uma boa cama, uma mesa e, em vez de um banco sem encosto, uma cadeira. Quando o cômodo foi concluído e a mobília foi colocada no lugar, os servos levaram o tapete tingido de vermelho, aquele presente de casamento que estava pendurado como peça de tapeçaria desde nosso *huppa*. Ele serviria agora como cobertura do piso, minha oferta final ao servo do Senhor das preces.

Ora, você deve estar pensando que fazer um homem de Deus viver no telhado não seja exatamente uma demonstração de honra. Mas nossos telhados eram exatamente como sua posição: elevados. Era o lugar onde as famílias se reuniam, desde que o tempo estivesse bom, o que acontecia na maior parte do tempo em Israel. Era o centro de grande parte de nossa vida. Ao estabelecer Eliseu em nosso telhado, fazíamos que nossa casa fosse dele, pondo suas necessidades, seus desejos e ele próprio em posição de destaque.

Quando Eliseu nos visitou de novo, pela primeira vez após a construção do cômodo, estava exausto. Sua aparência era de alguém que não dormia há tempos. Estava magro e abatido e seus passos pareciam difíceis, como os de alguém que carregava algo pesado. As coisas não corriam bem em Israel. O reinado do rei Jorão fora maligno. Suspeitávamos que nosso amigo ia com frequência a Samaria no tempo em que as relações entre norte e sul estavam tensas, logo após a guerra.

Quando conduzi Eliseu e seu servo ao novo cômodo, pensei por um instante que aquele gesto, o nosso presente, poderia levá-lo às lágrimas. Eliseu olhou para mim com imenso carinho. Era o olhar de graça que meu pai costumava lançar em minha direção quando eu sabia que fizera algo bom.

— Tem até tapete! — disse ele.

Com um sorriso em meu coração, eu disse:

— Vou mandar trazer-lhes água e preparar algo para vocês comerem.

Dizendo isso, pedi licença e deixei o homem de Deus e seu servo aproveitarem a tarde quente para descansar.

E nós ouvimos...

Por que Eliseu continuava voltando? Porque podia *repousar* ali. Não se tratava de outro compromisso ministerial para ele: era literalmente um refúgio. Ele não estava ali para pregar, não estava ali para orar, não estava ali para conversar, não estava ali para que todos na cidade soubessem que a sunamita era especial. Essa palavra — *repousar* — é semelhante ao Espírito Santo desceu sobre Jesus, no evangelho de João, logo após ter saído das águas do batismo. Assim, a pergunta é: Podemos ter um coração e uma vida em que o Espírito Santo possa vir e repousar? Um lugar em que seu Espírito possa descer e permanecer?

Na maioria das vezes, nós nos afastamos desse objetivo ao nos concentrarmos no trabalho, lutando de todas as formas para sobreviver. Às vezes a razão é a hiperespiritualidade; às vezes simplesmente perdemos a oportunidade, como ocorreu no caso de Marta. Mas existe graça verdadeira em deixar o Senhor repousar. Essa é uma das razões pelas quais o relacionamento daquela família com Eliseu pôde evoluir: ele encontrou um lugar permanente para repousar. Não há como dizer se Suném era ou não um lugar regular de parada para Eliseu antes de ele conhecer a sunamita e ela insistir para que o profeta fosse a sua casa. Contudo, a partir desse ponto, assim como Jesus ia a Betânia e ficava com Lázaro e suas irmãs, Eliseu ia a Suném.

Ao mesmo tempo, porém, a sunamita e seu marido não eram presunçosos em relação ao tempo e ao talento de seu convidado. Sabemos isso, como veremos adiante, pelo fato de que, mesmo depois de ele ter estado ali e querer fazer algo por ela, Eliseu nem mesmo sabia que a sunamita não tinha filhos correndo pela casa! Estamos falando de descanso real para o profeta.

Abrir espaço para um milagre significa construir uma habitação para a presença de Deus, ser um reservatório da glória. Normalmente as pessoas não conseguem relacionar-se com o Espírito porque nunca permitem que ele venha e repouse. Estão sempre exigindo dele alguma coisa — *dê-me, dê-me, dê--me*. Essa é uma abordagem mais infantil, o oposto do que ele espera. O Espírito deseja um lugar de repouso.

Como saímos da visitação para a habitação? Como cultivamos uma atmosfera de milagres? Como a mantemos por perto? A atmosfera determina a presença de Deus, a mudança, a provisão milagrosa. Veja a seguir quatro maneiras pelas quais isso acontece.

Tudo começa com o serviço

A sunamita era acima de tudo uma serva. Ela não tinha interesses pessoais. Esse era um atributo que Eliseu descobriria facilmente, pois ele mesmo já havia aprendido a agir dessa forma. Foi assim que ele passou a ter uma porção dobrada da unção de Elias, seu mentor.

A porção dobrada de Eliseu remete a seu chamado. Lemos em 1Reis 19.19 que o grande profeta Elias chamou Eliseu para o "ministério". Na verdade, Elias nunca disse claramente que estava chamando aquele jovem para o ministério. Eliseu cuidava dos negócios de seu pai, como um bom filho, administrando sua própria herança ali mesmo em sua cidade natal, na propriedade de seu pai. Naquele dia em particular ele estava arando com doze parelhas de bois.

Todos sabiam quem era Elias; ele era chamado de "perturbador de Israel". Assim, quando Elias aparece e joga seu manto sobre você, tenha certeza de que isso não o tornará a pessoa mais popular das redondezas. Mas foi exatamente isso o que Elias fez: jogou seu manto pesado sobre Eliseu. No instante em que isso aconteceu, Eliseu se sentiu animado. Ele provavelmente disse como: "Oh! Sou o escolhido! Puxa, obrigado, senhor. Eu achava mesmo que o senhor precisava de ajuda em seu ministério. Estou pronto para seguir com o senhor; vamos às nações. Mas, espere só um pouco, preciso cuidar de alguns assuntos lá em casa — contar ao papai e à mamãe, fazer algumas coisas...".

Elias nem mesmo interrompeu sua caminhada. Não voltou para pegar o manto de volta; estava numa missão para Deus. Sua resposta foi: "Vá e volte [...] lembre-se do que lhe fiz" (v. 20).

Naquele momento, Eliseu obteve a revelação mais profética de sua vida e de seu ministério futuro: descobriu que o mais importante não era ele. Não eram suas prioridades. Não eram suas necessidades. Ele descobriu que a unção teria um custo.

Eliseu morreu no dia de seu chamado. Por isso ele conseguia levantar-se todas as manhãs e servir um profeta velho e esquisito. Posso garantir que Elias nunca lhe disse: "Filho, vamos sentar para tomar um café e conversar sobre o que você sonhou na noite passada". Elias provavelmente nunca pediu a opinião de Eliseu sobre nada. Ele jamais disse: "Venha, vou mostrar-lhe minhas anotações". Não, ele provavelmente dizia: "Faça isso. Faça aquilo".

Quando Elias se preparava para ser arrebatado, ele e Eliseu estavam naquilo que poderíamos chamar de sua última grande turnê de pregação (cf. 2Reis 2.1-7). Elias circulou por todos os lugares onde Israel se reunira na região e, a cada parada, os filhos dos profetas procuravam Eliseu e lhe diziam: "Você não sabe que seu mestre será levado hoje?".

E, em todas as vezes, Eliseu punha a bagagem no chão, olhava para os profetas e dizia: "É, eu sei que ele será arrebatado, e sei o que devo fazer: continuar carregando a bagagem!".

Elias instruiu Eliseu a se juntar àqueles profetas: "Fique aqui", dizia ele. "Junte-se a eles. Estabeleça a sede de seu ministério aqui: 'Eliseu e os filhos dos profetas'. Todo mundo virá até você".

E Eliseu respondia: "Não, obrigado. Preciso seguir agora. Você está preparando-se para partir". E continuava com ele em sua jornada.

Isso nos diz muito sobre a natureza de se mover e de se desenvolver na unção: você nunca chegará ao seu destino. Ou, explicando de outra forma, não devemos deixar que nosso destino seja o de estabelecer de um ministério no qual nos tornemos conhecidos por ouvir a voz de Deus. Esse não é o objetivo. O objetivo deve ser: Estou aqui para suportar a longa jornada. Sou um servo do Senhor. O que ele quer que eu faça agora? Alcance meus vizinhos? Sirva no departamento infantil da igreja? Cuide de uma viúva? Pinte minha casa? É comum que a obediência nas coisas simples se transforme na ponte para nosso momento de encontro.

Finalmente, Elias voltou-se para Eliseu e disse:

— Tudo bem, o que você quer?

Eliseu respondeu:

— Quero uma porção dobrada do Espírito que está sobre você.

— Se você me vir sendo arrebatado, então essa porção será sua — disse Elias.

Eliseu precisaria ficar com ele, servindo-o até que ele literalmente não estivesse mais por perto, para que a porção fosse liberada.

Portanto, se quisermos abrir espaço para a unção, não é preciso ser muito mais do que um simples servo do Senhor. Não há necessidade de entrar num frenesi, nem de acordar de manhã ouvindo a voz do Senhor dizer algo monumental. Mas talvez você tenha acordado esta manhã pensando na viúva que mora no final da rua e tem uma porta de tela na varanda que precisa ser consertada e de quanto essa senhora precisa que alguém ore por ela para que aquela dor nas mãos, causada pela artrite, possa deixá-la. Essa é a atitude de serviço que acolhe a Presença.

Somos muito gratos pelos dezoito anos que passamos servindo ao irmão Derek Prince, um idoso apóstolo do Senhor. Jamais lhe fizemos alguma exigência. Nós nos alegramos em cada oportunidade que tivemos, grande ou pequena, de atender suas necessidades, suprir suas carências — enfim, deixá-lo descansar e aproveitar. Durante muitos anos limpamos sua casa. Para nós, era uma honra servir esse homem de Deus que tocava centenas de milhares de vidas para a glória de Deus. Sabe de uma coisa? No dia em que precisávamos de cura para nossos filhos, o Espírito Santo esteve presente ali. Às vezes pensamos na grande unção e na bênção divina que estamos distribuindo ao servir e honrar um servo de Deus.

Jesus pagou o preço e, agora, temos o privilégio de simplesmente seguir seus passos. Se custar um braço aqui ou uma reputação ali, então diga aleluia! Estamos simplesmente nos livrando de excesso de bagagem e abrindo mais espaço para a Presença.

Procure mais sua Presença do que seus dons

Temos visto alguns fenômenos incomuns nos últimos anos, ondas de coisas maravilhosas e potenciais geradores de confusão.

Algo que temos observado é a diferença entre os dons e a presença de Deus. O que buscamos? A Presença.

Eis a questão. Lemos em Romanos 11.29: "Pois os dons e o chamado de Deus são irrevogáveis" ou "são sem arrependimento" na versão *Almeida Revista e Corrigida*. Isso significa que Deus não os aceita de volta. São dons divinos, sobrenaturais, de unção, de capacitação, e possuem em si mesmos a essência e o poder de Deus. Damos boas-vindas a todos eles. Eles servem para adornar sua Noiva.

Ora, o vestido da noiva não é algo essencial. Suas joias não são essenciais. O essencial é a noiva. Os dons servem para adorno; Deus os concede e não os aceita de volta.

Mas aqui está um mistério: uma vez que Deus dá os dons e não os aceita de volta, é possível que alguém esteja andando na carne e ainda assim use os dons. É por isso que às vezes vemos ministros de destaque envolvidos em grandes problemas. Quando a carne começar a tomar conta, Deus virá a nós, ano após ano, pacientemente, e nos dirá: "Vamos trabalhar esta questão. Vamos ajustar aquilo. Não, não vamos fazer as coisas dessa maneira". Mas, em determinado ponto, se a carne insistir em seguir seu próprio caminho — não importa quão "religioso" alguém possa ser — o Espírito Santo pode entristecer-se e simplesmente ir embora em silêncio. Quando isso acontece, é criado um vácuo, e você conhece a regra: a natureza detesta o vácuo — e o reino sobrenatural ainda mais. Se o Espírito Santo se afasta, outra unção pode entrar.

Quando a carne estiver realizando coisas, a glória se afastará. Se Deus tiver dado dons, os dons permanecerão, mas é possível que sejam usados somente para fins humanos. Assim, para aqueles de nós que querem apenas a glória de Deus, a questão é outra. Trata-se de ter o próprio Deus.

Deus nos está ensinando a reconhecer sua glória. Queremos ser um lugar de habitação para que ele venha e descanse; então, no final, veremos os milagres que vêm de sua Presença.

Permita que Deus seja a sua paz

Os grandes milagres acontecem no lugar da *shalom* — o lugar de paz, esperança e plenitude onde Deus pode habitar. Às vezes as pessoas desprezam Javé Shalom em favor de outros aspectos de sua Presença: "Quero Jeová Jiré! Quero Javé Rafá! Quero Javé Sabbaoth! Que ele seja meu provedor; que ele me cure; que ele lute por mim!". Elas esquecem que permitir que Deus seja nossa paz interior permite que ele ministre de todas essas outras maneiras. Queremos que ele entre imediatamente em ação quando precisamos que ele venha e descanse.

"Está tudo bem", diz a sunamita. Essa é a palavra hebraica *shalom* — plenitude, bem-estar, paz próspera.

Eu, Bonnie, contei anteriormente de que maneira o Senhor me visitou antes do nascimento de nosso filho Aaron. A voz de Deus literalmente viajou por meu corpo e fez Aaron nascer na presença de cerca de 20 funcionários da terapia intensiva, de acordo com a palavra do Senhor.

Algumas semanas depois, Mahesh estava na África. Aaron, que ainda não era maior que o tamanho de minha mão, estava passando pela quinta de suas intermináveis cirurgias de grande porte. Eu me sentia muito mal naquele dia — já havíamos deparado com a morte por várias vezes em função do quadro clínico dele. Eu estava cansada mental, espiritual e fisicamente. Não conseguia mais ficar sentada, parada, e então saí e fiquei sob o pórtico do hospital. Era um dia cinzento e chuvoso.

Sempre tive o cuidado de não ser irreverente para com o Senhor, mas, naquele dia, encostei-me numa coluna da cobertura e disse: "Senhor, se é assim que o Senhor trata os seus amigos...". Antes de poder dizer "... então não quero ser um dos seus inimigos", foi como se os olhos do meu espírito se abrissem e, então, pude ver Jesus ali em pé. Ele se apoiava na coluna do lado oposto onde eu estava — exatamente como uma imagem espelhada. Ele olhou para mim e ouvi suas palavras claramente. Ele disse: *Bonnie, estou aqui com você, e isso é mais que suficiente.*

Tive uma revelação do salmo 23 naquele dia. O Senhor é o meu pastor. De nada terei falta. Ele estava dizendo: "Shalom. Estou aqui com você. Shalom. Sou Javé Shalom". E ele se foi. As circunstâncias continuaram turbulentas, mas aquele foi um ponto de mudança. A situação não nos fez perder a paz e, por fim, Deus levou Aaron à vida da ressurreição.

O segredo que aprendemos naquele dia foi que as dificuldades pelas quais havíamos passado fortaleceram algo dentro de nós, a fim de que se tornasse um lugar de habitação para a glória. Podemos experimentar dificuldades nesta carne mortal, momentos em que estamos realmente necessitados. Mas se tivermos aberto espaço para que Javé Shalom habite, não importa quais sejam as circunstâncias. Você pode estar no mais profundo poço do inferno e, num instante, seu ser espiritual percebe que você está no abraço de Deus. Quando isso acontece, nada mais tem importância.

Mantenha a perspectiva eterna

Ao abrir espaço para Deus, ele o recompensará. Ele pode recompensá-lo na terra, mas sua recompensa eterna está no céu.

Essa recompensa eterna não tem sido suficientemente enfatizada pela Igreja. Temos dado muita atenção aos dons carismáticos — cura, milagres, provisão para o agora — e raramente nos concentramos o suficiente no fato de que seremos recompensados no céu.

Precisamos cada vez mais enfatizar esse conforto. Ele nos dará força nos dias futuros. Quando a maior economia da terra é abalada, tudo pode ser abalado. Não é necessário temer. Precisamos orar para que nossos olhos se voltem ao Senhor. E precisamos conversar sobre o celestial tanto quanto falamos o terreno, senão mais.

Por que os profetas contaram a história da sunamita várias e várias vezes? Israel enfrentou uma dificuldade atrás da outra — fome, guerra, outra fome, invasões. No meio desses períodos turbulentos, essa era uma história sobre uma pessoa que encontrara paz verdadeira. Deus se tornou sua paz. Javé Shalom podia permanecer ali.

Esse tipo de habitação se relaciona à vida crucificada e à satisfação que decorre de obedecer à vontade de Deus. Ele dança conosco quando estamos no ritmo de seu plano, e a glória e a plenitude de alegria se fazem presentes. Há tranquilidade na glória. Abrir espaço para a Presença em nossa vida é a maneira de nos movermos da crise para o contentamento. Conforme abrirmos um lugar de descanso para o Espírito Santo, ele descerá e ali permanecerá.

Capítulo 5
SEM ESPAÇO PARA CONCESSÕES

> Pois em Cristo habita corporalmente toda a plenitude da divindade, e, por estarem nele, que é o Cabeça de todo poder e autoridade, vocês receberam a plenitude.
>
> Colossenses 2.9,10

A sunamita fala...

Certa noite, quando chegou à porta, Eliseu estava mais animado do que eu jamais vira. Sentamos à mesa depois que os servos se retiraram para dormir. A luz das velas balançava na parede atrás de nós, fazendo sombras como se vultos de testemunhas santas por trás do véu ouvissem nossa conversa.

Ele finalmente nos falou sobre seu mentor, o grande Elias, e sobre os dias de luta para submeter à mão do Senhor a corte de Acabe e sua cortesã sidônia . As mãos de Eliseu se moviam pelo ar numa ilustração dramática à medida que ele descrevia o confronto no Carmelo e o fogo santo que descera repentinamente, abrindo-se como uma caixa de alabastro sobre o altar do próprio Deus, consumindo o sacrifício e derrubando os sacerdotes de Baal.

Fiquei sentada, absorta, inclinando-me atentamente para frente com os cotovelos sobre a mesa, ouvindo-o contar os milagres realizados pela mão de seu mestre. O velho profeta anunciou uma seca enquanto Deus pressionava o rei Acabe a se curvar. Seduzido por sua esposa bruxa, Acabe transformara Samaria num centro de adoração a Baal.

"Ele fez mais coisas para enfurecer o Senhor Deus de Israel do que qualquer outro rei antes dele!", observou Eliseu. "Meu mestre postou-se diante de Acabe naqueles dias e fez um juramento solene. Posso imaginar, agora mesmo, o momento em que ele entrou na corte, com sua capa de pelos apertada firmemente na cintura." Os olhos de Eliseu brilhavam. "Com pernas semelhantes a troncos de giesta, ele deve ter se plantado imóvel diante dos tronos onde Acabe e Jezabel se esticavam como lagartos. Acho que deve ter colocado os polegares na cintura e falado alto quando a unção desceu sobre ele. Em alguns momentos, parecia saber que seus dias na terra estavam contados e que cada um tinha sua cota de dificuldades. Ele se assemelhava a um condutor de carruagem dirigindo furiosamente antes que a chuva alcançasse a fortaleza."

Eu queria muito perguntar qual era o som que uma pessoa ouvia quando o Senhor falava, como acontecera com aqueles homens. Mas não tive coragem de interromper esse período de maravilhas que se desenrolava diante de nós. As luzes pareciam brilhar ainda mais enquanto ele continuava falando.

"No tempo de Acabe, Hiel veio de Betel e pensou em reconstruir Jericó, a antiga fortaleza onde Josué profetizara que levantar de novo as portas da cidade custaria a vida do primogênito de quem o fizesse."

Joctã falou: "Que legado odioso levantar uma fortaleza que Deus havia amaldiçoado! Que tolo insolente! Tentou construir uma cidade para tornar-se conhecido e, por meio desse ato, morreu sem filhos para levar seu nome adiante."

Quando essas palavras saíram da boca de meu marido Joctã, cuja esposa não lhe dera filhos, meu rosto ficou vermelho; eu esperava que os homens não tivessem notado.

"Assim como vive o Deus de Israel", prosseguiu Eliseu, "posso ver agora, seus olhos de fogo e o cabelo espetado brotando de sua cabeça como a juba de um leão." Ele mudou de voz para imitar seu formidável mentor: "Não cairá orvalho nem chuva nos anos seguintes, exceto mediante a minha palavra".

Eliseu tomou um gole de seu vinho adoçado. "E assim foi", continuou ele, de novo com sua própria voz, enquanto colocava o copo de volta sobre a mesa. "Ele foi um verdadeiro pastor de Israel."

Mas então Eliseu nos falou sobre o lado terno do maior profeta de Israel, afirmando que era bastante humano. Por exemplo, quando fugiu debaixo das ameaças de Jezabel, quando esta queria tirar-lhe a vida. Ou quando a palavra do Senhor viera — não no fogo, no vento ou no terremoto, mas como a voz macia de alguém apaixonado.

"Ela veio calma e suave, mas tão cheia de certeza que o fez sair de seu esconderijo", disse Eliseu. Olhou para cima, com olhar inocente. "Foi então que a palavra veio atrás de mim. Talvez eu devesse ter fugido naquele dia!"

Todos nós rimos, mas sabíamos que havia uma verdade sardônica naquilo que Eliseu dissera. Ele levava a unção do Senhor tão a sério quanto a própria vida ou morte.

"Imagine", disse eu, finalmente. "Nem mesmo o orvalho cai sobre a relva sem estar de acordo com a palavra dele!"

"Há três coisas das quais somente o próprio Deus tem as chaves", lembrou Eliseu. "A chuva, os filhos e a ressurreição dos mortos."

E nós ouvimos...

O clima espiritual e político da época da sunamita é semelhante a muito do que estamos vivendo hoje. De modo clássico, o espírito de Jezabel, ou a feitiçaria, é o precursor do espírito do anticristo. Parece evidente que esse espírito de feitiçaria está presente em grande medida no mundo, servindo de fundamento para que o espírito do anticristo venha e conduza sociedades e nações para longe de Deus.

Ao abrirmos espaço para a Presença, podemos regozijar-nos em nossa posição de vitória em Cristo na grande batalha que nos cerca. No entanto, por ser uma batalha, precisamos estar alertas para as estratégias do inimigo. Não há neutralidade no reino espiritual. Por um lado, como temos visto, a presença de Deus traz bênção, paz, milagres. Por outro lado, porém, se deixarmos de abrir espaço para o bem, a porta permanece aberta para o mal. Quanto mais as pessoas fecharem a porta para a unção e a glória, mas abrirão espaço para o poder das trevas.

Veja aqui um exemplo claro. Nos primeiros anos do século XX, depois que o avivamento da Rua Azusa começou a se espalhar como fogo pelo mundo, as autoridades das principais igrejas da Alemanha se ofenderam diante das expressões de reavivamento. Chegaram a subscrever um documento rejeitando aquele mover do Espírito Santo em seu país.

Elas essencialmente disseram ao Espírito Santo: "Não venha para cá". Isso criou um vácuo nos corações, o qual foi

Sem espaço para concessões

preenchido pelo inimigo. Foi assim que algumas das pessoas mais instruídas, cultas e sensíveis do mundo puderam massacrar milhões, incluindo crianças, e acreditar que estavam fazendo o bem. Uma vez que rejeitaram o mover do Espírito Santo, havia espaço de sobra para que o espírito de feitiçaria e do anticristo se movesse. O espírito do anticristo pôde trabalhar tão eficientemente porque o poder do Espírito Santo foi desprezado.

Ao introduzir o espírito do anticristo, o espírito da feitiçaria procura cumprir três objetivos. O primeiro é intimidar. Um exemplo clássico é a filosofia do politicamente correto que domina a mentalidade ocidental. O segundo passo, caso o primeiro falhe, é manipular. Visa os lugares onde alguém pode ser seduzido ou aos quais pode ser atraído. Terceiro, se você não cooperar abertamente, o espírito de feitiçaria usará força para dominar e controlar. Essas são algumas das raízes que se fazem presentes no embate entre reinos espirituais hoje.

Esse espírito do anticristo está ficando cada vez mais forte. É o espírito que chama o mal de bem e o bem de mal. Diz que o aborto é uma solução racional e rotula de maus aqueles que se opõem ao assassinato de bebês. Diz que estilos de vida alternativos são normais e chama de julgadores aqueles que apoiam a visão bíblica do casamento. Inclui espíritos de racismos, intolerância e antissemitismo.

A maioria das pessoas não percebe que o espírito do anticristo começa dentro da Igreja. Isso significa que ele pode esconder-se por trás de um disfarce religioso, mas que, no final, se revelará. O livro de 1João descreve isso:

> Filhinhos, esta é a última hora e, assim como vocês ouviram que o anticristo está vindo, já agora muitos anticristos

103

têm surgido. Por isso sabemos que esta é a última hora. Eles saíram do nosso meio, mas na realidade não eram dos nossos, pois, se fossem dos nossos, teriam permanecido conosco. (1João 2.18,19)

Temos visto muito do anticristo, como doutrinas, movimentos, cultos, heresias e movimentos relacionados à identidade — coisas que parecem ou afirmam ser cristãs, enquanto o fruto é qualquer outra coisa, menos isso. O espírito do anticristo se opõe à verdadeira unção de Cristo Jesus — Messias ou *Mashiach*, que quer dizer "o ungido", indicando a plena presença do Espírito de Deus — e também se opõe à unção que Cristo dá a todos aqueles que nele creem e que foram lavados em seu sangue.

O antídoto para esses espíritos malignos é saber quem somos e por que estamos aqui. É hora de a Igreja se levantar e brilhar!

A primeira anarquia

As forças que se tornam cada vez mais evidentes hoje estão em ação há muito, muito tempo. A batalha teve início na primeira anarquia, quando o querubim ungido chamado Lúcifer se revoltou contra a autoridade de Deus no céu e procurou conquistar o trono para si mesmo. Não foi uma guerra com as armas comuns. O texto de Ezequiel 28 indica que se assemelhou a uma grande campanha política de palavras (a palavra hebraica traduzida como *comércio* ou *comercial* também pode indicar uma campanha de palavras).

Se você acha que Satanás não é belo nem sedutor, lembre-se de que ele foi capaz de convencer um terço dos santos anjos — seres que foram criados como ministros de Deus —

para que se juntassem a ele na revolta. Esse é o pano de fundo dos eventos ocorridos no jardim do Éden. Aquele querubim caído foi atrás dos humanos, que deveriam ser os herdeiros da criação juntamente com o Filho. É difícil imaginar que alguém criado para ser tão lógico pudesse enganar a si mesmo, achando que poderia usurpar a Deus.

No entanto, mesmo antes da anarquia original, houve outro conselho da Divindade e, antecipadamente, o Filho disse: "Eu descerei". Jesus enfrentou o diabo cara a cara no deserto e deixou-o na poeira!

Como ele fez isso? Jesus sabia quem era e sabia por que estava aqui. Há poder na concordância. Adão e Eva concordaram com as palavras sedutoras da serpente e lhe deram os reinos do mundo. Jesus concordou com a Palavra eterna de Deus e avançou rumo à vitória, crendo nas promessas de Deus até mesmo ao enfrentar a morte e a sepultura. Ele saiu vitorioso no poder da ressurreição, e não apenas para si mesmo, mas para todos aqueles que se tornariam herdeiros de Deus por meio dele!

Não estamos falando de mitos ou fábulas. Não se trata de lendas. São realidades espirituais que têm impacto sobre nossa vida diária. Quando entregou seu corpo na cruz do Calvário, Jesus saqueou os principados e potestades de uma vez por todas e colocou-os debaixo de seus pés. Embora Satanás saiba que seu tempo está quase terminado, recusa entregar-se e, assim, até que Cristo volte, haverá guerra. Satanás continuará enganando tantos quantos puder.

As concessões abrem a porta

Israel serve de valioso exemplo para nós em praticamente tudo o que há para se aprender sobre seguir a Deus da maneira certa e da maneira errada. Depois de poucas gerações, os territórios de Deus foram corrompidos por ídolos. Salomão deixou a porta escancarada ao desobedecer diretamente alguns limites simples que Deus havia colocado. "Não se case com mulheres 'estrangeiras'. Não se apaixone pelas coisas que o Egito ama, como cavalos rápidos" — dois fatos pelos quais Salomão ficou famoso em seus últimos anos como rei de Judá. Essas concessões corromperam sua sabedoria. Seu filho Roboão levou tudo a um nível mais elevado. Quando o cálice da ira de Deus se encheu, o Senhor permitiu que um homem de baixo nível, com caráter e motivação dúbios, fosse ungido e governasse conjuntamente os territórios de Deus. Foi como se as pessoas tivessem permitido que uma imagem delas próprias governasse sobre o povo.

Jeroboão estabeleceu o reino do norte e, de uma hora para outra, o território de Deus estava dividido em dois. O local onde Deus havia decidido escrever seu nome, o templo de Jerusalém, tornou-se objeto de inveja. Jeroboão construiu dois bezerros de ouro e colocou-os junto aos portões de seu reino do norte. Copiou os altares que havia no templo. Criou novas festas, tudo para conquistar a simpatia do povo. Dessa forma, acreditava, o povo não precisaria mais fazer a longa jornada até Jerusalém. Havia interesses, contudo, mais profundos, como manter-se no poder. Se as pessoas fossem a Jerusalém, poderiam apaixonar-se por Deus e, por associação, pelo rei de Judá, e Jeroboão perderia seu trono.

Assim, vê-se que seu plano era um substituto. Vamos adorar a Deus, disse ele, mas vamos fazê-lo de maneira mais confortável. Não demorou muito, e tudo aquilo se transformou em pura idolatria. A concessão que parecia pequena no início abriu a porta e, por fim, Jezabel entrou sorrateiramente. Ela era filha de um sacerdote sidônio, Etbaal, aliado político de Acabe quando este se tornou rei das tribos do norte. Ela trouxe seus ídolos, sua religião falsa e um profundo ódio pelo Senhor e por seus servos.

Conheça a voz do poder verdadeiro

Vemos hoje alguns espetáculos impressionantes do espírito de feitiçaria. Sabe de uma coisa? O espírito de religião lhe dirá que você deveria envergonhar-se por não estar adorando aquela coisa que parece tão religiosa. Talvez você até esteja começando a pensar se não há nada de errado com você. Alguns até já estão em dúvida se perderam sua salvação. O engano pode ser assim poderoso.

Se você está se sentindo ameaçado por um espírito de Jezabel, saiba que não está sozinho. Imagine o seguinte por um momento. Lemos em 1Reis 19.1: "Ora, Acabe contou a Jezabel tudo o que Elias tinha feito e como havia matado todos aqueles profetas à espada". Isso aconteceu pouco depois daquele grande encontro no qual o Espírito do Senhor desceu sobre seu ungido, Elias, e o fogo caiu do céu para consumir o santo sacrifício. De repente, as massas tiveram uma revelação do Deus verdadeiro e Elias conduziu a morte de 450 profetas de Baal.

Jezabel estava furiosa. "Mandou um mensageiro a Elias para dizer-lhe: 'Que os deuses me castiguem com todo o rigor, se amanhã nesta hora eu não fizer com a sua vida o que você fez com a deles'" (1Reis 19.2). Em outras palavras, ela declarou: "Elias, você é um homem morto". Esse era o espírito de feitiçaria falando. Ao ouvir isso, "Elias teve medo e fugiu para salvar a vida" (v. 3).

Você lembra que o rei Davi fugiu para salvar a própria vida e se escondeu numa caverna? Elias fez o mesmo. Ali estavam dois dos mais ungidos vasos do Senhor em toda a história humana, e alguma coisa fez que eles corressem. Era a força que odeia a presença de Cristo e qualquer um que a carregue. Meu amigo, essa é a realidade deste mundo. Se você é um desses ungidos — ou seja, você é cristão? —, saiba que há forças invisíveis trabalhando contra você. Infelizmente, essas forças às vezes podem motivar forças "visíveis" que possuem interesses bem definidos: "Se eu não puder intimidá-lo e mantê-lo sob controle, vou manipulá--lo e fazer que sinta medo, controlando-o dessa maneira. Se eu não puder seduzi-lo ou fazê-lo sentir medo, farei de tudo para dominá-lo por meio de algum tipo de algema ou corrente que irá mantê-lo preso no lugar".

Mas essa não é a voz do poder verdadeiro. O poder verdadeiro é uma voz calma e suave, a Presença, sua glória, Emanuel, Deus conosco. É ele que queremos ouvir. Davi se fortaleceu nessa Presença. Elias cercou-se desse poder como se vestisse um manto. Jesus disse a Lúcifer: "Nem só de pão viverá o homem, mas de toda palavra que procede da boca de Deus". Precisamos lembrar a conversa divina que Deus teve conosco no dia em que nos chamou. É a voz calma e suave que fala da verdadeira identidade e do verdadeiro propósito de nossa vida.

Você sabia que não há caverna tão escura nem tão oculta que o impeça de encontrar Deus quando você chegar lá? Ele não permitirá que você seja um habitante de cavernas. Não o permitirá porque, quando você teve aquele encontro face a face com Deus, ele lhe deu o coração de um valente, o coração de alguém que morreria por aquele que morreu por você. Deus gosta muito disso. Isso tem o cheiro do mais doce incenso. É a coisa que anima seu coração. Ele está profundamente apaixonado por aquela voz suave em você que um dia disse sim a Jesus.

Jesus dá vida ao mundo. Estamos no meio de um reavivamento. Vivemos com uma consciência desperta. Ele está muito perto, e veremos sua glória.

Mas quer saber de uma coisa? Nem todo mundo estará com você. Isso não significa que você é especial. Pelo contrário, é a misericórdia de Deus que faz você sentir uma fome insaciável por Jesus e abrir espaço para sua Presença o tempo todo. Sua casa não está vazia. Você reconhece a unção e consegue discernir a glória. A glória não é necessariamente uma manifestação extática de algo incomum. A glória é a doce, discernível e segura Presença do próprio Deus santo, saturando-nos e dando-nos a sensação de que está tudo bem.

Abra espaço para mais glória

Qual é a melhor estratégia para se opor ao espírito de Jezabel e seu consorte, o espírito do anticristo? Primeiramente, abrir espaço para mais glória. Nossa arma é a bondade de Deus. Glória é bondade. Glória é graça. Glória é misericórdia.

Essa Presença faz parte da grande estratégia militar organizada pelo Senhor dos Exércitos, Javé Sabbaoth. Jesus de Nazaré descerá com sua espada para liderar sua noiva na batalha e rumo à vitória. Lemos o seguinte em 1João 2.20: "Mas vocês têm uma unção que procede do Santo, e todos vocês têm conhecimento". Portanto, quando vier o espírito do anticristo, diz o Senhor, a resposta é a unção, a forte Presença ungida do Espírito Santo.

A Palavra nos diz que a última hora está se aproximando. "Filhinhos", ela diz, "ouçam a voz do Espírito. Filhinhos, recebam seu chamado. Recebam sua unção para os últimos dias". Sabe, a voz calma e suave não diz: "O anticristo está chegando!

Rápido! É melhor elaborar alguns gráficos e mapas, bem como montar algumas outras organizações para que vocês estejam preparados quando chegar a hora".

Não. Ela diz: "Filhinhos". Diz que, quanto mais infantis vocês forem, mais serão capazes de fluir na unção e na glória de Deus. Deixe Deus aparecer. Deixe que os inimigos dele sejam espalhados. Abra espaço para ele em seu coração. Essa é a melhor maneira de se preparar para a última batalha épica contra o poder do anticristo e da feitiçaria.

Tampe o poço

Paulo nos admoesta a pormos nossa salvação em ação com temor e tremor (v. Filipenses 2.12). Uma das maneiras de fazer isso é afastarmos nosso coração das trevas. Veja a seguir algo que vai ajudá-lo a imaginar isso.

Suponhamos que um demônio esteja à procura de um lugar para se estabelecer. Agora suponha que você tenha um poço de amargura em seu coração. Pode ser bem pequeno, mas é um poço de amargura e, portanto, um lugar do qual o demônio pode alimentar-se. Um demônio se alimenta da dor e amarrará seu pequeno balde ali, contanto que você lhe dê acesso para beber coisas como raiva, amargura, insegurança, ciúme, hábitos pecaminosos etc. Ele continuará bebendo e chamará seus amigos para virem e, no final, terá estabelecido seu domínio ali, onde dançará sobre sua cabeça.

O Senhor está dizendo: "Guarde o seu coração". Sua saúde espiritual é determinada por seu sucesso em manter seu coração livre desses pecados. À medida que o Senhor trouxer coisas à superfície, permita que ele lide com elas — e não que tenha misericórdia delas. Os israelitas ouviram muitas vezes

Sem espaço para concessões

que, ao conquistar uma terra, não deveriam ter misericórdia. O princípio aqui é o mesmo.

Eu, Bonnie, ao olhar para trás, vejo que várias vezes me cerquei de um exército de recursos — oração e jejum, autodisciplina, leitura das Escrituras, apoio externo, criação de planos de batalha contra fortalezas para tentar obter vitória em determinada área — quando a coisa mais simples teria sido tampar o poço.

Como se faz isso? Olhe para a cruz, a qual purifica qualquer poço de amargura. A cruz é a realidade mais elevada. Através da cruz, Jesus saqueou os poderes das trevas e nos libertou de suas garras. Crucifique a carne e siga adiante na fé.

Lembre-se de começar com os *fatos*: quem nos guia é a Bíblia, não as nossas circunstâncias. A seguir, mova-se para a *fé*, que crê e age de acordo com os fatos. Somente então é que você chega aos *sentimentos*. Portanto, em vez de deixar que nossas emoções sejam puxadas para a lama dos poços de amargura, devemos manter nosso coração limpo ao basear nossos sentimentos nos fatos e na fé, em vez de na percepção equivocada da realidade.

Reforce a vitória

Existe um inimigo. Deus quer que saibamos que uma batalha está sendo travada e há principados e potestades contra os quais devemos lutar. No entanto, se Deus é por nós, não importa quem é contra nós. Existe uma batalha em curso, mas somos vencedores.

Eu, Mahesh, fiz parte de uma cruzada ao Brasil, na periferia do Rio de Janeiro, e várias pessoas me falaram com preocupação sobre os grandes principados e potestades de feitiçaria que dominavam aquela área. Eles acharam que aquilo me deixaria com medo? Deus me havia enviado. Eu não temeria aquelas coisas. É claro que não. Adicionamos nomes ao Livro da Vida do Cordeiro e vimos milagres espetaculares ali.

Uma mulher, por exemplo, fora baleada na espinha durante um assalto à sua loja. Sua coluna estava ferida e ela vivia presa a uma cadeira de rodas havia cinco anos. Morava num lugar distante cerca de nove horas de carro do Rio, mas sua família a mandou de avião. A mulher tinha filhos pequenos que, quando me viram orando por sua mãe, começaram a chorar, uma vez que a viam paralisada havia cinco anos.

Senti a glória e disse: "Deus fará alguma coisa, minha irmã".

Bem, fiquei sem saber o que havia acontecido porque peguei um avião pouco após aquele episódio. Os pastores brasileiros me informaram que ela está andando. Precisa do auxílio de uma bengala de vez em quando, mas está em pé e se movimenta. Se Deus é por nós, quem será contra nós? Vencemos pelo sangue do Cordeiro e pela palavra de nosso testemunho.

Lemos em Colossenses 2.15: "Tendo despojado os poderes e as autoridades, fez deles um espetáculo público, triunfando sobre eles na cruz". Jesus triunfou sobre todo principado e autoridade, sobre todo poder. A guerra já foi vencida; estamos reforçando a vitória. Onde quer que estejamos, somos embaixadores do céu e reforçamos a vitória do Senhor Jesus. Nada nos pode separar do amor de Deus e da vitória de Deus. Esse é o Reino no qual vivemos, o Reino da vitória e o Reino do Espírito.

Capítulo 6
À ESPERA DE UM MILAGRE

> Só ele cura os de coração quebrantado e cuida das suas feridas.
>
> Salmos 147.3

A sunamita fala...

Não víamos Eliseu desde a lua nova, quando fomos ao Carmelo e sentamos entre os profetas. Naquela época, muito mais do que Joctã, eu desenvolvera um interesse por sua pregação e, por isso, sempre lhe pedia que me levasse ao monte ou mandasse um dos servos acompanhar-me. E sempre levávamos um presente.

O dia começou como qualquer outro. A preparação do pão, o barulho repetitivo do tear comandado pelas mulheres, o choro do filho de uma serva, o balido das cabras e o calor do braseiro e do fogo — tudo era igualmente convidativo. Naquela época, havia 20 pessoas em nossa casa, além de mim e de meu marido.

A primavera em nosso vale é uma época majestosa. O tapete rolante do trigo no inverno e as ondas de flores silvestres pintam a paisagem de amplas fileiras com várias cores, logo abaixo das árvores que florescem. Tudo na primavera é esperança e vida renovada. A manhã se passou sem nenhuma surpresa e, lá pelo meio da tarde, uma calmaria envolveu tranquilamente a região.

Eliseu e Geazi haviam chegado em casa algumas horas antes e subiram ao cômodo superior sem dizer uma palavra. Eu estava no depósito misturando especiarias para o assado que prepararíamos no jantar quando senti uma presença atrás de mim.

— Senhora? — era Geazi. Virei-me um pouco surpresa.

— Sim, Geazi.

— Meu mestre deseja que a senhora vá até ele.

Assim, os dois servos de Eliseu — Geazi e a sunamita — dirigiram-se ao telhado para esperar o homem de Deus.

Fiz uma pausa sob a sombra da treliça, mantendo uma distância respeitosa da entrada do quarto do profeta. Geazi passou pelo umbral e desapareceu na sombra. Fiquei esperando e estiquei o braço para pegar uma ou duas folhas murchas da videira que repousava sobre a treliça. As rosas enchiam o ar de doçura. Um murmúrio de vozes suaves vinha da sala conforme Eliseu dava instruções a seu servo. Olhei contente para o vale de Jezreel.

O corpo magro de Geazi apareceu novamente à porta, e ele falou comigo.

— A senhora passou por dificuldades por nossa causa — disse ele. — Meu mestre quer que a senhora saiba que sua consideração não passou despercebida.

Geazi apontou com a cabeça para Eliseu, a quem pude ver, reclinado sobre sua cama.

— Ele diz que, depois de toda sua preocupação conosco, quer saber o que pode oferecer como retribuição. Há algo pelo que ele possa interceder, talvez junto ao rei ou talvez com os militares desta região? O homem de Deus apresentaria alegremente qualquer pedido seu e de seu marido.

— Oh, muito obrigado, mas não — disse eu. — Como vocês podem ver, não precisamos de quase nada por aqui. Quanto aos homens do rei, nosso clã habita esta região sem nenhum problema. Estou entre os meus. Por favor, agradeça a Eliseu pela gentileza de pensar em nós.

Virei-me para ir embora e Geazi retirou-se para as sombras outra vez.

Comecei a descer a escada e percebi as vozes deles atrás de mim. Meus pensamentos já se voltavam para os preparativos de nossa refeição quando a voz de Geazi me chamou de lá de cima.

— Aguarde um instante, senhora — disse ele.

Voltei-me para Geazi, ainda na escada.

— Por favor, venha — assinalou ele com as mãos, pedindo que eu subisse ao telhado novamente. Desta vez, ouvi a voz do profeta.

— Sunamita, aproxime-se de mim — disse Eliseu.

Aproximei-me da porta de Eliseu.

— Senhor? — disse eu.

De dentro da sala escura, Eliseu falou:

— Chegue mais perto.

Geazi se pôs ao lado e apontou para o umbral da porta. Aquele era um ponto de intimidade com o homem de Deus que eu jamais experimentara. Normalmente eu estava na presença de Joctã, ou das minhas criadas, ou na companhia daqueles que iam ao Carmelo para ouvi-lo. Os olhos do profeta se abriram ainda mais enquanto olhava para mim. O ar ao meu redor mudou. Era semelhante ao clima que antecede uma tempestade. Ele falou abruptamente.

— O lar de vocês não tem crianças?

Suas palavras pareciam retumbar por todo meu ser como um trovão silencioso. No instante seguinte ao choque da pergunta, senti-me lançada de volta àquele longo e escuro vale, aquele lugar onde a angústia aprisiona as orações não respondidas. Toda minha humilhação passada, as súplicas, as esperanças, os questionamentos, a negação e até mesmo o ódio voltaram assolando meu coração.

Minha respiração falhou.

— N-n...

Fiquei pensando por que a palavra não saía de minha boca. Pronunciei o restante da frase gaguejando.

— Não, pelo menos não que sejam meus — finalmente ouvi-me falar.

Dizem que uma ferida profunda deve curar-se de dentro para fora; caso contrário, supura e todo o corpo morre por causa da infecção. Mas eu achava que buscar tal cura levaria mais tempo e remédios do que eu poderia possivelmente empregar. Como Eliseu ousava abrir minha ferida profunda agora, de maneira tão descuidada? Ele certamente pouco conhecia a desgraça que suas palavras haviam provocado; do contrário, não as teria dito.

— Por volta desta época, no ano que vem — continuou Eliseu —, na época da cria dos carneiros...

Lembro que ele fez uma pausa. O som de sua voz parecia mal tocar o tempo e o espaço que nos cercavam.

— ... você terá um filho nos braços.

Uma chama de emoção atingiu meu rosto, deixando minha face incendiada.

Que linguagem era aquela? Se tais palavras fossem faladas por qualquer outro homem que não Eliseu, nosso convidado de confiança, a bússola de Israel naqueles dias de trevas, talvez eu pudesse ter-me protegido de suas pontas afiadas. Ele disse aquilo uma vez só ou ficou repetindo?

Um filho nos braços... um filho nos braços... as palavras ecoavam. Um filho. A esperança de minha herança, o antigo cântico do meu coração, sussurrado em calma expectativa quando eu era jovem. Um filho. O som reverberou pelas paredes do meu útero vazio.

Mentiroso! Eu queria gritar de volta. Enganador! Contudo, foi com a voz calma de uma mulher muito mortificada que respondi.

— Não, meu senhor — sussurrei. — Não me engane, senhor.

À espera de um milagre

Enquanto baixava meus olhos, eu chorava pelos filhos que não tive. Eu era Ana. Eu era Raquel. Eu era toda mulher que não conseguira ser mãe.

Fui para trás e saí correndo de seus aposentos, para o quarto que havíamos construído para ele em nosso telhado.

Mas Eliseu não viu minha vergonha. Os olhos límpidos do profeta pareciam ver através de mim e, mais tarde, eu descobriria que ele enxergara um bebê, um menino, com olhos da mesma cor dos olhos de sua mãe. Um filho perfeito, rechonchudo e robusto, com a cabeça coberta de encaracolados cabelos negros, com pele da cor do mel. O pequeno bebê estava ali, suspenso, envolvido por minhas formas femininas. Eliseu pôde vê-lo claramente.

Eu, porém, desci a escada, fugindo para meu quarto, passando diante de uma criada que me olhou com total surpresa. Eu — que normalmente era calma e pacífica — passei por ela como se estivesse sendo caçada pelos filisteus e suas lanças. Uma vez sozinha, enterrei meu rosto no travesseiro de linho macio até que minha respiração voltasse ao normal.

Então, exausta e desgastada, levantei-me e lavei o rosto. Procurando ao menos aparentar uma recuperação, prendi com uma tira as tranças enroladas de meu cabelo rebelde e retoquei meus olhos com linhas suaves de *kohl* para disfarçar as bordas avermelhadas. Belisquei minhas bochechas e ajeitei a parte frontal da túnica, esticando o cinto e reajustando as dobras da saia enquanto deixava o quarto. Ignorei o retorno de minha criada que se ocupava com sua vassoura no final do corredor, desci a escada e entrei no piso principal, mais uma vez como a senhora controlada de meu lar. Na cozinha reassumi a supervisão da

119

preparação da refeição noturna de meus convidados como se nada tivesse acontecido.

Num primeiro momento, não falei nada a Joctã nem a ninguém mais sobre o que o profeta dissera. Deixei as palavras de lado. Depois de alguns meses, porém, elas pareciam não mais me insultar. Dei-lhes permissão para que entrassem e se acomodassem em meu coração. "Você estará com um filho nos braços!" Então, certa noite, enquanto tentava dormir ao lado de meu marido, soube que assim seria.

Uma manhã, não muito tempo depois, levantei-me e saí rapidamente da cama, com a cabeça rodando e o estômago embrulhado. Passou-se o primeiro mês, e aquele desconforto era mais agradável do que qualquer preocupação que eu já tivera. Esperei outro mês e, quando tive certeza, contei a Joctã que ele seria pai já com a idade avançada. Em pouco tempo a notícia se espalhou — eu, a mulher sunamita que vivera diante de seu povo em esterilidade por tantos anos, vejam só, eu finalmente teria um filho nos braços!

Quando chegou o dia, a parteira me ajudou a sentar sobre a cadeira de parto. Suor em profusão descia sobre minhas sobrancelhas enquanto o delírio e a determinação se derramavam a cada contração. Com um último esforço, um quarto de século de orações e olhares erguidos ao céu deram seu fruto.

"Um menino!", exclamou a parteira.

Respirei aliviada e, então, explodi em riso e lágrimas. Finalmente eu abraçava meu milagre, aquele por quem há tanto esperava.

O nascimento de nosso filho tornou-se um emblema. Um sinal de que nada era impossível para o Deus de Israel. Nosso milagre, o filho que Javé nos dera, era comentado de Suném até a cidade natal de Eliseu e de volta ao Carmelo,

À espera de um milagre

onde a montanha contempla o mar. Naquela mesma semana, pela providência do Senhor, colhemos os primeiros frutos e Joctã preparou a oferta de nossa colheita que seria apresentada ao Senhor. Nós o redimimos como o Senhor dissera: "Consagre a mim todos os primogênitos. O primeiro filho israelita me pertence, não somente entre os homens, mas também entre os animais".

Cumpri o ritual de purificação e, após o *mikvah*, preparei-me para a entrada de nosso filho na aliança de nossos pais. No oitavo dia após o nascimento de nosso filho, ele se uniu ao Senhor na aliança de Abraão ao ser circuncidado de acordo com o mandamento. Joctã brilhava de orgulho e pronunciou seu nome na presença de todos pela primeira vez: Habacuque. Significa "abraço".

Depois de ter cumprido os dias de minha purificação e já pronta para viajar, persuadi Joctã a nos levar ao Carmelo para oferecer em dedicação o filho que o Senhor nos dera. Depois disso, ficaram tão acostumados a ver meu rosto que qualquer um podia perguntar sobre "a sunamita" que todos sabiam tratar-se da minha pessoa.

O homem de Deus e seu servo vieram no primeiro mês de vida de nosso filho. Eliseu trouxe um presente a nosso filho: uma caixa finamente fabricada, coberta com lindos fios de ouro bordados por um ouvires de Jerusalém. Continha um rolo escrito por um escriba do templo.

Shema Yisrael Adonai elohenu Adonai echad.

Então o profeta recitou as palavras de nossos pais.

Eu e Joctã fechamos os olhos e sorvemos as palavras de bênção do Senhor à medida que Eliseu as pronunciava sobre nós, nossa casa e nosso filho.

E nós ouvimos...

Quando recebemos a glória do Senhor, é possível que, a qualquer momento, nossas tarefas e obrigações comuns nos levem repentinamente àquela sala de milagres onde Deus se propôs a vir e descansar.

Considere nossa história até aqui. O homem de Deus chega à cidade e se encontra com uma mulher que insiste para que o profeta faça uma refeição na casa dela. Ele começa a vir regularmente porque a sunamita o trata muito bem e não exige nada em troca. Então, não muito tempo depois, Eliseu está dormindo em sua própria cama e sua consciência começa a incomodá-lo. Ele pensa: *Sabe, tenho desfrutado da hospitalidade desta família e — puxa! — talvez ela tenha alguma necessidade.*

Assim, Eliseu pede a seu servo que chame a dona da casa; ela vem e se põe à porta. Eliseu olha para ela e, por meio da estranha comunicação que os profetas e seus servos mantinham com as pessoas naquela época, não fala a ela diretamente. Diz a seu servo:

— Pergunte-lhe quais são suas necessidades.

O servo questiona:

— Do que a senhora precisa?

E a resposta é:

— De nada.

— Hummm — diz Eliseu. — Precisamos fazer alguma coisa por ela.

Então, o servo sugere:

— Bem, sr. Profeta, tão perspicaz e cheio de revelação, não notou que ela não tem filhos?

E Eliseu diz:

— É mesmo? Agora que você falou, parece que não tem mesmo.

De modo imediato, a necessidade daquela mulher é levada diante de Deus. Ora, o Senhor sabe quais são as nossas necessidades. O que Deus está tentando dizer é: *Quero inverter essa coisa toda. O que quero agora é que você tire o foco das suas necessidades e se concentre na minha glória.*

Pense nisso. Você sabe que aquela mulher chorou muitas e muitas vezes por conta de sua esterilidade. Era uma grande vergonha; na verdade, isso era considerado uma maldição em Israel. Não apenas seu marido tinha o direito legal de se divorciar da esposa, como ela também não tinha nenhuma segurança para o futuro. Se o marido morresse antes, todas as posses da família iriam para o rei e ela viveria apenas de acordo com a misericórdia dos anciãos. Contudo, quando teve oportunidade de revelar sua situação desesperadora, a sunamita não disse nada. "Estou contente. Está tudo bem." Esse é o maravilhoso coração de um servo. Contentamento ligado às promessas eternas de Deus. Milagre anunciado por meio de profecia. Por causa disso, poder e autoridade foram liberados dos altos céus.

Deus disse: "Você preparou um lugar para mim e eu o preenchi. Agora, vou encher esse lugar vazio dentro de você. Mais ou menos nessa mesma época, no ano que vem, você terá um filho nos braços". Maravilhoso!

Por isso a resposta da sunamita parece compreensível. "Não minta para mim!" Ela já havia deixado de lado todas as suas expectativas. Havia abandonado completamente a ideia de ter um filho. Alcançara a meia-idade e estava resignada e

123

conformada, em paz com a possibilidade de não gerar um herdeiro. Até mesmo em sua esterilidade a confissão da sunamita se resumia a "Está tudo bem". Ela enchera o vazio com o contentamento em Deus. E a piedade com contentamento é grande fonte de lucro. A mulher havia acalmado todas as suas tempestades. Essa foi a razão de ela ter conseguido criar um lugar onde seus convidados desfrutavam de descanso completo.

Contentamento

Nas últimas décadas tem havido uma progressão da oração do tipo "palavra de fé" (conhecida normalmente como "Diga o que quer e peça") para a oração formulada (como "Eis aqui os sete passos para o sucesso"). Essas mensagens contemporâneas sugerem que as boas-novas se encerram para nós aqui e agora, em nossas circunstâncias. Isso tem subvertido a esperança escatológica e a mensagem do evangelho — a verdade segundo a qual os cristãos estão firmemente enraizados na eternidade e suas recompensas estão sendo armazenadas no céu. Um problema adicional é que, mesmo que consigamos mais e mais "coisas" e subamos de uma posição favorável para uma ainda melhor, nunca de fato sabemos quando alcançamos a satisfação de nossos objetivos porque sempre há algo mais a desejar.

O problema está no contentamento. Sem ele, sempre estaremos à procura de mais. Ora, é claro que temos necessidades, e não é errado orar por elas. No entanto, se ficarmos ansiosos em relação ao que queremos, é possível que venhamos a perder o que já temos. E, de fato, se não abrirmos espaço para que a Presença venha e descanse, então o oposto dominará: o espírito de impaciência.

A impaciência é crescente em nossa cultura, e é uma das principais maneiras de providenciar uma porta aberta para as

À espera de um milagre

coisas demoníacas. Um espírito falso rapidamente entrará em contato com as pessoas que não estão contentes. Vemos muito disso no assim chamado movimento profético atual. As pessoas pulam de uma coisa para outra, de um lugar para outro, de uma revelação para outra. Nunca estão satisfeitas. Precisam de vários sonhos e palavras proféticas por semana para prosseguir. Isso nada mais é que um círculo vicioso. Pode ser religioso, pode ser espiritual, mas não é a verdadeira Presença ungida do Espírito Santo. Ele descerá, mas permanecerá apenas por um pouco e, então, desaparecerá.

A Bíblia compara uma pessoa com esse espírito impaciente a uma cidade destruída. Se os muros de uma pessoa estão destruídos, os demônios encontrarão lugar por onde entrar e se estabelecer. Numa situação como essa, a prioridade não é obter determinado número de revelações sobrenaturais por hora, mas levantar os muros da personalidade por meio de momentos devocionais diários, orações, sacramentos e leitura das Escrituras. Então, quando uma palavra profética verdadeira vier, será poderosa a ponto de transformar vidas.

Ao enfrentarmos provações, podemos tanto pôr Deus à prova da maneira errada, por meio de nossas exigências, como podemos sofrer a dificuldade em paz, firmando-nos no contentamento e presenciando a visitação do Senhor. Lembra-se de como os anjos vieram ministrar a Jesus? Em vez de usar a própria força para transformar as pedras em pães, ele esperou e deixou que sua carne fosse crucificada. No final, Deus lhe deu todo poder e toda autoridade. O fato é que as ideias de provação e cura caminham juntas. Quando Jesus disse "Não ponha à prova o Senhor, o seu Deus", ele esperava por Javé Rafá, "Deus é curador", e Javé Jiré, "Deus é provedor". Assim, quando o diabo o incitou a ceder ao desconforto de sua situação, Jesus se alegrou porque tinha fome apenas das coisas de Deus. Quando citou as Escrituras de volta ao adversário, Jesus estava essencialmente dizendo: "Está tudo bem".

Cura de dentro para fora

Eu, Mahesh, passei por uma estranhíssima experiência médica alguns anos atrás, quando me submeti a uma cirurgia de emergência na Inglaterra por causa de uma diverticulite. Eles me abriram e fizeram algumas correções, mas não me costuraram. Colocaram apenas um curativo. Por quê? Porque queriam que a cura viesse de dentro para fora. Sabiam o que estavam fazendo porque, quando me curei, foi uma cura poderosa.

Esse é um retrato de como o Senhor nos ajuda por meio da dor e do sofrimento e nos leva ao lugar de contentamento onde pode permanecer — ele nos cura de dentro para fora. Se tentarmos esconder coisas lá dentro e fechá-las ali, elas vão apodrecer. É por isso que vemos ira compulsiva, irritação, fofoca, disputa, maledicência, depressão — uma ferida não foi curada por dentro e está supurando. Precisamos enfrentar essas feridas o mais rápido que pudermos — reconhecer os verdadeiros sentimentos que giram em torno dela, admiti-las diante de Deus e deixar que Jesus venha e as limpe.

É o sangue do Cordeiro. É o Calvário. É desse modo que as feridas são curadas. Jesus é quem faz isso. Quando se levantou e identificou seu ministério (v. Lucas 4), Jesus disse: "O Espírito do Senhor está sobre mim, ungindo-me para trazer cura" e, entre as coisas que veio curar, está o coração quebrantado. Às vezes a necessidade desse tipo de cura é muito maior do que achamos. Lemos em Salmos 109.22: "Sou pobre e necessitado e, no íntimo, o meu coração está abatido".

Lemos em Salmos 34.18: "O Senhor está perto dos que têm o coração quebrantado e salva os de espírito abatido". Há tantos de nós andando por aí como veteranos que já passaram por diversas guerras, mas cujas feridas ainda estão presentes, especialmente em nosso coração.

Isso faz que seja difícil amar a Deus, a nós mesmos e aos outros. Talvez queiramos aproximar-nos, mas, se carregamos feridas não curadas dentro de nós, não sentimos amor. Sentimo-nos sem valor. Como podemos dizer aos outros que o Senhor os ama quando nós mesmos não nos sentimos assim?

Para Deus, o relacionamento conosco continua sendo uma prioridade até mesmo maior que a manifestação da promessa. Mas por que é assim? Porque esta vida é passageira; Deus nos está moldando agora do mesmo modo que, no início, pegou um punhado de barro e criou o homem, *adão*, e soprou nele o fôlego da vida. O Senhor está fazendo de nós filhos e filhas que reinarão e governarão com ele para sempre. Receberemos as riquezas eternas do Reino de Deus e nos assentaremos com Cristo para reinar e governar.

Deus busca algo com mais prioridade que a promessa, que é o vaso, o caráter, a formação da mente, da vontade e das emoções, o coração, o espírito daquele a quem ele deu a promessa. Às vezes a promessa pode demorar, demorar e demorar, e você pensa *Deus, o Senhor prometeu isso quarenta anos atrás*. E ele diz: Sim, e você continua invejoso. *Sempre que vê Joe Bob com sua picape nova, você pensa: "E eu ainda dirijo esta lata velha". Isso não pode continuar. Foi assim que Lúcifer se meteu em confusão.*

E do mesmo modo, do nosso lado, trabalhar para nos tornar um com o Senhor precisa continuar uma prioridade acima da manifestação das coisas que Deus nos prometeu dar. Se nossas prioridades estiverem corretas, em diversas ocasiões levaremos muito menos tempo para obter a manifestação da promessa.

Carregando a mágoa

Quando elaborava um trabalho para seu mestrado em Ciências Sociais, nossa filha Anna precisou pesquisar diferentes aspectos das raízes de sua família. Ela ligou para nós certo dia com algumas perguntas sobre nossa história.

Eu, Mahesh, normalmente não falo muito sobre minha família, mas ela precisava de informações e, assim, contei-lhe várias coisas. Ela sabia que eu era o sétimo de oito filhos e que meus pais eram da Índia, mas se estabeleceram no Quênia, onde nasci.

Meu pai morreu quando eu e minha irmã menor éramos bem pequenos. Meu irmão — ele tinha cerca de 18 anos quando eu tinha 5 — assumiu muitas das responsabilidades da família. Ele nunca se casou; cuidava de minha mãe e de todos nós, e foi muito semelhante a um pai para mim.

Bem, eu e Anna começamos a falar sobre o que aconteceu a cada um de meus irmãos e isso me trouxe à mente algo bastante doloroso para mim. Um de meus irmãos morreu de câncer há alguns anos. Ele nunca pediu nada em todos aqueles anos de serviço à família, mas, antes de falecer, quando já estava bem doente, fez um pedido — para mim.

Eu e Bonnie planejávamos algumas campanhas evangelísticas importantes com um grupo de pastores em Taiwan havia mais de um ano. Estava tudo acertado para que eu fosse a Taiwan dentro de poucos dias quando descobrimos que meu irmão estava ficando cada vez mais fraco. Meu coração se dividia entre o desejo de ver meu irmão e o peso que Deus pusera sobre mim em relação àquela cruzada. Também percebi que, se eu cancelasse a viagem, os pastores chineses ficariam numa situação ruim com seu povo. O servo do Senhor que conduziria a campanha anunciada não estaria lá, isso traria humilhação a todos.

Oramos e pedimos a direção de Deus. Lembro-me de orar pedindo especificamente para que pudéssemos ouvir de meu irmão, antes de eu partir em viagem, se deveríamos cancelar a viagem. Os dias seguintes se passaram sem notícia de minha família. Então, literalmente a poucas horas do meu embarque para Taiwan, Bonnie atendeu a ligação.

Meu irmão, que estava na Inglaterra, havia piorado. Ele tinha apenas um pedido: queria ver-me antes de falecer. Bonnie me ligou assim que aterrissei em Taiwan. Pela hora da ligação, sabíamos que era uma resposta de Deus. Foi um dos momentos mais dolorosos da minha vida, mas deixei que a resposta de Deus determinasse minha decisão, em vez de ser controlado pelos sentimentos bastante reais de amor e pelo desejo de honrar e de estar com meu irmão em suas últimas horas aqui na terra. Pelo fato de ter me comprometido a estar com aqueles pastores, centenas de pessoas estavam sendo salvas em cidades nas quais normalmente se veria uma ou duas conversões por mês. Eu via essa obra milagrosa de Deus acontecendo nos cultos e nas campanhas evangelísticas — mas meu irmão dissera "Quero apenas vê-lo". Eu me dedicara a realizar a obra do Senhor — meu irmão, porém, me chamava.

Precisei tomar a decisão de obedecer ao Senhor e de não fazer aquele pequeno gesto pela pessoa que dera tudo por mim. Não consegui vê-lo. E isso dói. Eu não fizera nada ruim, mas sentia que falhara com meu irmão. Ele viveu de modo honroso por toda a vida; eu havia falhado com ele. E carreguei essa ferida profunda por muito tempo.

Um dia, algum tempo depois desse episódio, eu estava dirigindo uma reunião no sul da Flórida. Orava pelas pessoas quando, de repente, senti Jesus entrar na sala e postar-se ao meu lado. Então, ele me disse algo. Suas palavras foram: *A propósito, Mahesh, uma vez que você não pôde ver seu irmão, eu fui em seu lugar.* Foi uma palavra que veio da Presença do trono. Quando Deus pronuncia uma pequena palavra, ela o transforma totalmente, pois possui enorme poder explosivo. O que aquela palavra me disse foi que Jesus foi até lá, segurou a mão de meu irmão e o levou ao lar. Eu não precisava preocupar-me. E, se Jesus me desse a oportunidade de escolher, o que eu preferiria: estar lá ou permitir que Jesus estivesse ali em meu lugar? Se pudesse escolher, é claro que preferiria que Jesus estivesse com meu irmão.

Essa palavra trouxe cura à minha alma e ao meu coração quebrantado. Transformou totalmente a ferida que eu estava carregando. Naquela ocasião, Jesus optou por não curar meu irmão; era hora de levá-lo para o lar, mas, sem essa palavra vinda do Senhor, eu teria carregado uma mágoa profunda e não curada. Em vez disso, senti como se Jesus tivesse dito: "Sua escolha foi correta".

Assim, muitas das escolhas que precisamos fazer não são fáceis, e podem levar nossa alma a ficar doente. Carregamos essas mágoas na forma de lembranças dolorosas ou de emoções fracas e sensíveis. É comum descobrirmos que, ao orar pelas pessoas, elas nem mesmo conseguem recordar a raiz de sua dor ou de sua ferida, ou às vezes a ferida é tão profunda que elas nem conseguem falar a respeito.

Se deixarmos de cuidar disso, se nunca permitirmos que Jesus nos visite ou que sua Palavra chegue a nós, descobriremos que o resultado será andarmos por aí deprimidos, sentindo-nos inúteis ou inferiores. Às vezes essa mágoa nos provoca medos inexplicáveis, ansiedades incompreensíveis. Até mesmo doenças físicas podem ser causadas pela ferida que há na alma. A não ser que Jesus toque essa ferida, ela permanecerá alojada na lembrança ou nas emoções.

Às vezes, a propósito, as feridas podem ter sua fonte em atos de impiedade cometidos gerações atrás e que estão afetando sua descendência. Essas maldições precisam ser quebradas — e essa é apenas uma das muitas razões pelas quais os cristãos precisam participar da Ceia. Devemos ser gratos por crer na bênção viva dos elementos da Ceia porque o sangue de Jesus tem o poder de curar até mesmo a ferida que está presente em sua linhagem.

Jesus é capaz de curar as feridas de dentro para fora, e não apenas curá-las, mas também preencher essas áreas vazias com seu amor. Lembre-se sempre de, ao remover as coisas obscuras, preencher o espaço com a presença e o amor de Jesus Cristo.

Assim é a vida

Lemos em Salmos 139.1: "Senhor, tu me sondas e me conheces". Lemos também em 1João 3.20: "Deus é maior do que o nosso coração e sabe todas as coisas". Quando dizemos que Jesus vem e cura uma ferida, não estamos dizendo que o passado é mudado. O passado já passou. Meu irmão foi para o lar para estar com o Senhor antes que eu pudesse estar com ele. Mas o Senhor quer tocar-nos de tal maneira que nossa reação diante do passado seja transformada e nossa dor seja curada. E, de acordo com Romanos 8.28, sabemos que todas as coisas trabalham juntas para o bem. Nesse contexto, portanto, entregamos o passado nas mãos de Deus e pedimos que ele o use para o bem no presente e no futuro.

Assim é a vida para todos nós. Vivemos num mundo decaído. Acidentes acontecem. Desastres naturais acontecem. Às vezes somos magoados porque pessoas fazem coisas com o propósito deliberado de nos ferir. Em outras ocasiões, as pessoas nos ferem e não fazem ideia de que estejam provocando dor em nós. Há momentos em que sofremos por erros que nós mesmos cometemos, por decisões erradas que tomamos, por reações erradas que tivemos. Algumas de nossas feridas são muito antigas. Outras são recentes. Sabe, o diabo não joga limpo. Ele se aproxima quando estamos mais vulneráveis. Ao acolher a glória, porém, você pode deixar todas as coisas — preocupações com seus filhos, orações sobre seu casamento ou seu trabalho. A glória realizará coisas acima e além de tudo pelo que você possa orar.

Isso não é exclusivo a algumas pessoas; Deus quer que todos nós entremos nessa esfera. De fato, não precisamos sequer de um grande estoque de fé; precisamos apenas dar as boas-vindas àquele que quer ter esse tipo de relacionamento conosco.

Lembro-me de uma reunião em Chicago, vários anos atrás, na qual seis homens subiram com uma maca e, sem dizer uma palavra, colocaram-na no grande palco de madeira de onde eu falava.

Meus olhos se voltaram para a figura esquelética que repousava na maca. Por um instante, pensei tratar-se de um corpo sem vida, mas depois percebi que era um ser humano vivo — embora quase morto. Seu corpo estava consumido pelo câncer e ele não estava em estado apenas terminal, mas terminal no sentido de estar a poucas horas ou talvez a alguns minutos da morte. O fato é que, depois, descobri que seu pastor já havia preparado seu funeral. Mas seus amigos ouviram dizer que um evangelista que promovia curas estava na cidade e disseram "Vamos até lá". Imagino que eles o sequestraram do hospital para poder levá-lo à reunião.

Bem, preciso confessar que, por dentro, eu estava um pouco irritado com tudo aquilo! Fui direto do Reino da glória para a mente carnal enquanto me sentei diante daquele corpo moribundo, pensando: *Por que trouxeram esse homem até aqui? Ele vai morrer nos próximos minutos! Por que não me consultaram antes de fazer isso?* Esse era o tamanho da minha fé naquele momento. Nunca é bom alguém morrer quando você está realizando um culto de cura.

Voltei à mensagem e então comecei a ministrar a alguns na multidão. De repente, notei que havia uma nuvem dourada em volta do corpo moribundo. Fiquei estagnado ao ver ondas douradas de luz e raios de diversas cores pairando sobre seu corpo. Eu não sabia o que estava acontecendo, mas sabia que a glória estava ali.

No ano seguinte, voltei a Chicago para ministrar numa grande igreja da cidade. Um dos "obreiros" era um belo senhor de origem italiana, de cabelos escuros. Por onde eu ia, notava que ele estava bem próximo para ajudar a aparar aqueles que caíam no Espírito. Perto do fim da reunião, o pastor disse:

— Irmão Mahesh, o senhor se lembra deste homem?

— Não, nunca o vi — disse eu.

— Este é Tony — disse o pastor. — É o homem que veio numa maca em sua reunião no ano passado. Eu já havia preparado seu funeral quando ele foi curado num culto dirigido pelo senhor! Deus o havia curado dos pés à cabeça. Teve muito pouco a ver comigo. Na primeira vez em que vi Tony, não tive muita fé. Mas ele e seus amigos entraram no reino da Presença do Senhor, onde nada é impossível. Por causa do sangue de Jesus, eles se tornaram condutores da glória.

A presença e a glória do Senhor mudam tudo. Lemos em 2Coríntios 3.18: "E todos nós, que com a face descoberta contemplamos a glória do Senhor, segundo a sua imagem estamos sendo transformados com glória cada vez maior, a qual vem do Senhor, que é o Espírito". Deus quer conceder sua glória a cada um de nós, promovendo transformação, cura, libertação e restauração. A chave é a sua Presença. Quanto mais reconhecermos e honrarmos sua Presença, mais contemplaremos sua glória e mais passaremos a refletir essa glória no reino terreno.

"Levante-se, refulja! Porque chegou a sua luz" (Isaías 60.1), diz a Palavra. A glória do Senhor brilha sobre você. Jesus disse às irmãs de Lázaro: "Se vocês crerem, verão a glória de Deus". E a glória de Deus então ressuscitou uma pessoa que estava morta havia quatro dias. Essa é a glória.

Hoje é dia de salvação. É dia de restauração, de plenitude, de cura. Quando Jesus vem, ele cura não apenas nosso corpo, mas nosso coração e nossa alma também. Quando nos entregamos à unção e recebemos o Senhor da glória, ele nos chama àquela sala de milagres e fala uma palavra que cura feridas profundas, quebra maldições e, junto com tudo isso, nos transforma. A sunamita recebeu sua promessa e, no meio do processo, foi curada de dentro para fora.

Capítulo 7
QUANDO AS PROMESSAS DE DEUS PARECEM QUEBRADAS

> Então Jesus contou aos seus discípulos uma parábola, para mostrar-lhes que eles deviam orar sempre e nunca desanimar.
>
> Lucas 18.1

A sunamita fala...

Cinco anos de graça. Cada momento era como um jorro de água viva enquanto eu me fartava daquela criança maravilhosa, minha prometida, com olhos como tâmaras, e mãos e pés que pareciam réplicas dos de seu pai. Às vezes eu achava que ela se parecia com o avô. E esqueci-me de mim mesma, pois precisava cuidar de meu filho.

Era a época da primeira colheita. Assisti do alto do telhado enquanto Habacuque seguia junto ao pai. Tendo nosso primogênito ao lado, Joctã iria colher os frutos escolhidos de nossos campos, e os ceifeiros poderiam dar prosseguimento ao trabalho.

A colheita fora tão abundante como sempre, produzindo o melhor de cada fruto. Havia cevada e trigo em abundância, tanto para nossa própria provisão como para vendermos ao mercado. Eu não tinha dúvidas de que parte de nossa colheita seguiria de navio para o Egito. Era o dia depois do *shabbat*, na festa dos pães asmos e, como num tributo, as grossas hastes de grão amadureceram rapidamente sob o sol quente.

Notei filetes de nuvens formando-se no ocidente; pancadas de chuva nessa época do ano seriam uma ocorrência inesperada. Um movimento chamou-me a atenção. Vi um serviçal correndo por entre os campos em direção à nossa casa. A cena diante de mim me deixou ofegante.

— Habacuque!

Desci a escada e passei pelo portão correndo. As pontas caídas dos ramos ainda por colher batiam em meus joelhos. O medo percorreu meu corpo ao alcançar nosso serviçal. Habacuque estava ardendo em febre.

— Ele reclamou da cabeça — explicou o servo. — O mestre mandou levá-lo para casa, para a mãe.

— Ajude-me a levá-lo para dentro — disse eu.

Tomando meu filho no colo, banhei-lhe gentilmente a face e o pescoço com um pano mergulhado em água fria. Seu cabelo escuro e encaracolado, molhado de seu próprio suor e da água que derramara, enrolava-se na ponta de meus dedos como uma trepadeira.

Depois de alguns minutos, os olhos de Habacuque estavam abertos e agitados. Ele segurou minha mão sem muita força e apertou os olhos de dor, contorcendo o rosto. Um tremor percorreu seu torso, e meu próprio corpo reagiu tremendo também. Tenho certeza de que o confortei naquele momento; com quais palavras, ninguém é capaz de dizer. Ele certamente não as ouviu.

Continuei a banhá-lo com água fria. As cigarras cantavam no calor, do outro lado do muro. Seu trilo soava para mim como um exército de sacerdotes levitas em pé lado a lado, trombeteando pequenos *shofars*. Ergui minha voz numa canção de ninar para abafar aquela cantoria pesarosa.

Fiquei com ele no colo até o meio-dia.

Habacuque foi ficando cada vez mais desanimado. Sua respiração começou a enfraquecer. Minha tensão aumentava à medida que os servos, um atrás do outro, espiavam a escuridão com os olhos arregalados de surpresa.

Uma das servas veio contar que Joctã havia chamado pedindo comida e bebida para seus homens no campo. As nuvens ficavam cada vez mais escuras e não havia dúvidas de que choveria. Uma colheita molhada poderia mofar facilmente, e grande parte do trigo seria perdida. Meu marido havia convocado homens de nossa cidade para ajudar a colher e enfeixar o trigo, e eles provavelmente trabalhariam sob a luz de lamparinas por toda a noite para trazer a colheita até nossos celeiros.

Eu não lhe diria nada sobre meus temores. Mesmo com poucas razões para ter esperança, achava que o menino talvez despertasse. Coloquei dois dedos em seu pescoço. Seu pulso parecia ainda mais fraco. Meus olhos se encheram de lágrimas de temor, mas controlei-as e ordenei para que fossem preparadas porções para os trabalhadores no campo. Os servos passavam perto de mim abrindo vasos de barro, derramando óleo e pesando azeitonas e frutos secos. Uma pilha de pão asmo fresco foi enrolada em um pano limpo. Depois da rápida preparação, meu pequeno exército de criadas foi mandado ao campo com comida e bebida para os homens.

Foi no ano de nossa maior colheita que o espectro mais assustador se aproximou. Ele se enfureceu contra toda a bondade que viera sobre nós, todas as esperanças satisfeitas. E eu era impotente para intervir. Não poderia proteger o coração do qual tão fielmente tomara conta. Meu braço era curto demais para salvar meu filho. Sentei-me com seu corpo apático, incapaz de fazer outra coisa a não ser derramar água sobre sua cabeça e assegurá-lo de meu amor. E, no meio do meu suave murmúrio, Habacuque se foi.

Eu tive receio de movê-lo demais, mas agora me sentava ereta, colocando as duas mãos em seus ombros. Sua cabeça recostou-se para o lado e o chacoalhei como se pudesse despertá-lo. "Você pode me ouvir? Filho! Filho!".

Fechei meus olhos contra seu rosto e orei com todas as forças para que ele, de repente, pudesse inspirar e voltar à vida.

Abri os olhos sem acreditar. Meu mundo e todo seu movimento pararam.

Esse era o fim de tudo? A promessa de Deus fora cumprida? Seria esse — essa horrenda meia-medida da minha alegria — o final?

Algo dentro de mim se recusava a deixar essa pergunta sem resposta.

Não pode ser! Não deve ser assim!

Não será assim.

Peguei o menino e levantei-me do lugar onde o havia segurado no colo pelas últimas horas. Agarrando-o com força, senti que ele não tinha peso algum. Recusei-me a aceitar que não havia ar saindo de seus lábios. Subi. Cada degrau vencido lançava um peso sobre a força de minha resolução. Eu construíra aqueles degraus para que o homem de Deus chegasse ao cômodo que havíamos preparado para ele. Ele já havia pisado aqueles degraus com frequência; os dias em que fazia de nosso lar a sua moradia eram repletos de paz. No final desses degraus ficava a câmara do profeta. No umbral de sua porta a palavra da promessa viera a mim. Aquelas palavras foram a inspiração para o nome do filho: abraço.

Fiquei feliz por todos estarem no campo. Por causa da distração com a colheita, consegui manter a atenção dos servos, bem como a de Joctã, voltada para outros assuntos. Temia que me impedissem caso soubessem o que eu pretendia fazer. Diriam que a dor era grande demais. Chamariam Joctã para que viesse do campo; ele ordenaria que eu fosse para minha cama, e eles o levariam. Levariam Habacuque e o colocariam numa sepultura.

Eu não permitiria que isso acontecesse. Elaborei meu plano enquanto subia a escada. Não falaria com ninguém da minha casa, pois falar sobre aquilo seria como concordar com a morte e dar-lhe permissão para se apoderar de meu filho.

Eu a expulsaria. Ele a expulsaria — o homem de Deus de cujos lábios o nome de Habacuque saiu pela primeira vez. Entrei no quarto de Eliseu. Estava do mesmo jeito que ele o havia deixado. Sua paz saiu dali para me encontrar, como se não tivesse notado o corpo inerte de Habacuque. Passei pelo umbral da promessa e fui direto à cama onde o homem de Deus descansara no dia em que falou. Ali coloquei gentilmente o corpo de meu Habacuque. Aquela era a cama da qual o profeta falara a palavra de promessa de Deus. Foi dali que a palavra de vida saltou rumo ao meu ventre estéril. Foi a palavra de Deus que o trouxe a nós. E é a palavra de Deus que, quando todos os reinos deste mundo tiverem falhado, será cumprida.

Olhei para o rosto adormecido de meu filho.

"Descanse, meu amor", disse-lhe baixinho. "Mamãe voltará daqui a pouco."

Saí e fechei a porta. Minha mão tremia ao segurar a tranca e girar a chave do cômodo que construíramos no telhado. Segurei minhas lágrimas e prendi a ponta da língua com os dentes até o ponto em que achei que fosse sangrar. Enfiei a chave no bolso e o peso daquele pequeno pedaço de ferro fundido parecia maior do que o peso do mundo inteiro. Mas minha mente era rápida quando se tratava de planejar. Eu iria até a montanha de Deus como Abraão fizera. Veria a Javé, o Senhor que nos dá provisão. Certamente assim como aconteceu a meu antepassado, haveria para mim um carneiro preso nos arbustos das minhas orações. Eu iria, e voltaria ali outra vez trazendo comigo meu filho, cheio de vida!

Saí disfarçadamente e desci os dois lances de escada. Chegando ao piso inferior, vi que nosso servo estava sentado junto ao pórtico do pátio.

— Isaque! — chamei. O rapaz olhou para mim.

— Sim, senhora.

141

— Vá até seu mestre no campo imediatamente. Diga-lhe que sua senhora precisa de um dos servos e de uma jumenta. Rápido — disse eu, levando o rapaz até a porta e mandando-o ir. — Vá agora!

Isaque correu até o portão e desapareceu além do muro.

O céu era ameaçador. O vento espalhava folhas secas pelo pátio, e elas viravam e faziam barulho ao raspar o chão perto da porta.

Esperei pelo que pareceu ser uma eternidade. Pisei aquele chão e orei silenciosamente o tempo todo. Enquanto andava de um lado para outro, de cima para baixo de nossa casa, as cenas de Abraão, o pai de nossa fé, continuavam a girar ao meu redor. Como uma teia de conforto, elas pareciam blindar-me contra o medo.

Quando o servo que meu marido enviara chegou, trazendo a jumenta, eu esperava impaciente no pátio aberto, com a sela na mão. Sei que o homem deve ter se surpreendido ao me ver ali, a senhora da casa grande, como um tratador de cavalos, com o arreio nas mãos.

— Aqui estou, senhora — disse, aproximando-se de mim com um olhar de dúvida, conduzindo a jumenta. — Perdoe-me, minha senhora, mas meu mestre insiste em saber se há alguma urgência — perguntou ele. O homem virou-se apontando na direção da colheita. — A colheita...

Eu não tinha paciência para perguntas. Empurrei a sela na direção dele.

— Sele a jumenta — gritei. Então, virei-me para falar com o servo.

— Isaque!

Ele veio tropeçando e gaguejando.

— M-minha s-s-senhora?

— Volte a seu mestre — disse. Recuperei-me e conduzi o rapaz gentilmente pelos ombros. — Diga-lhe que sua senhora lhe envia esta mensagem: "Está tudo bem".

— Sim, senhora — e saiu apressado.

Pouco tempo depois, o próprio Joctã entrou apressado pelo portão, com o servo sem fôlego atrás dele.

— O que há, esposa? — exclamou Joctã enquanto cruzava o pátio. Estava coberto de poeira da colheita e as mangas de suas vestes estavam molhadas de suor.

— Vou rapidamente ao homem de Deus — disse-lhe, fazendo sinal para o servo para montar.

— Pelos céus, esposa. Por que vai vê-lo hoje?

— Paz, Joctã. Está tudo bem — disse eu. Coloquei o pé no estribo e subi na jumenta, atrás do servo. — Volto logo.

Cutuquei a jumenta com os calcanhares, e o servo a conduziu gentilmente.

Joctã aparentava surpresa enquanto cruzávamos o pátio. Evitei até mesmo um segundo olhar em sua direção. Meus únicos pensamentos eram os de Abraão e suas palavras ao servo enquanto iam para a montanha: "Eu e o rapaz vamos até lá. Depois de adorarmos, voltaremos".

Segurei a chave enfiada nas dobras de meu vestido e fechei os olhos para protegê-los da poeira escura que se erguia conforme avançávamos na estrada principal. Lá fomos nós, deixando para trás os campos onde os ceifeiros já haviam começado a enfeixar os ramos, correndo como cegonhas. Agarrei-me às costas do servo enquanto a jumenta nos transportava rapidamente até a montanha que indicava o Carmelo à distância. Sabia que, ali, eu encontraria o homem de Deus.

E nós ouvimos...

Pode parecer impossível, mas costuma ser verdade: coisas faladas na glória e cumpridas na glória serão provadas. Às vezes, aquilo que Deus lhe deu pode morrer e você pensa: *Por quê? O que aconteceu?* Vimos no Capítulo 2 que, nos momentos de perda, somos tentados a pensar da seguinte forma: *Deve ser minha culpa*. Isso acontece com sonhos que temos em nosso coração e acontece quando, de fato, tivemos a promessa em nossas mãos e a perdemos: *O que eu fiz de errado? Devo ter sido descuidado.*

O fato de as coisas que você recebeu de Deus estarem sob ataque não quer dizer que você repentinamente abandonou a vontade de Deus. O revés que você está sofrendo é o ajuste de Deus para um "milagre extra"! Em outras palavras, quando algo morre, não é o momento de desistir. A batalha está apenas começando.

Imaginamos que o filho daquela mulher, que fora dado por meio de uma palavra ungida, tenha sido atacado pelo diabo. A criança gritou: "Ai, minha cabeça! Ai, minha cabeça!". E, então, morreu. Foi esse o fim? Não, esse foi apenas o início! Deus estava prestes a sacar sua espada e batalhar em favor da mulher. Podemos achar que um ventre estéril gerar uma criança já tenha sido um milagre suficiente, mas Deus estava prestes a fazer algo ainda maior. Ela não recebeu apenas um milagre; ela obteve o milagre impossível. E você também pode obtê-lo.

Você construiu um lugar para o Senhor descansar? Onde a glória esteve, ela estará outra vez. A história da sunamita exemplifica essa afirmação. O inimigo, o derradeiro inimigo, a morte, veio e bateu à porta dela, mas ela não se intimidou. Deus lhe dera um presente, uma provisão milagrosa, e ela não estava disposta a deixar que isso lhe fosse roubado. Ela lidou com a situação da maneira mais maravilhosa e surpreendente. A sunamita já experimentara o poder de Deus. Esperava, portanto, que o mesmo Deus de milagres se revelaria e defenderia o presente que lhe dera.

Seu espírito, seu exemplo, sua história nos inspiram hoje em todas as circunstâncias da vida, onde quer que estejamos. Quando algo perturbador bater à nossa porta — seja uma necessidade financeira, uma enfermidade ou até mesmo a morte —, os crentes não devem sentir medo. Somos capazes de usar esse desafio como um veículo para ir de glória em glória ou à esfera da fé para além da fé.

Veja a seguir várias chaves que descobrimos serem capazes de abrir o caminho da fé para a fé, da graça para a graça e da glória para a glória — quando as promessas de Deus parecem quebradas.

Mantenha seu foco em Deus

É comum as pessoas desistirem no momento da provação. Elas chegam a um ponto na batalha onde dizem: "Bem, Deus nunca pretendeu dar-me isso" e perdem a batalha simplesmente por abandoná-la. Talvez seja um ministério ou um negócio. Talvez seja um relacionamento ou uma cura.

Devemos esperar uma luta por nossa fé. Podemos passar por provas severas, mas a Bíblia diz que, quando Deus abençoa, ele abençoa sem adicionar aflição. As coisas que ele toca têm sua vida dentro de si. Vida que conquista a morte. Lembre-se de que o fim consumado de nossa salvação é a ressurreição dos mortos.

A sunamita sabia disso. Depois de passar cinco anos com aquela bênção milagrosa e sublime, de repente seu filho morre em seu colo. Sentia-se bem pela manhã. Saiu para estar com seu pai no campo, mas teve uma terrível dor de cabeça e, ao meio-dia, estava morto. Veja a reação dessa mulher. Ela leva o filho que Deus lhe dera ao cômodo que providenciara e esperou que Deus o ressuscitasse. Fechou aquela porta e saiu. Subiu ao monte do Senhor.

Lemos um artigo interessante numa revista médica, preparado por um especialista em malária. O texto mencionava a história do filho da sunamita e sugeria que a criança provavelmente contraíra malária cerebral, que ataca e mata rapidamente.

Eu, Mahesh, estava ministrando no Congo certa vez e me esqueci de tomar a pílula contra a malária. Contraí malária cerebral, e jamais quero ter aquela dor de cabeça de novo. É uma dor profunda e constante, e o sofrimento é terrível. Você sente dor por tanto tempo que deseja morrer, mas aquilo prossegue sem parar. No meu caso, durou várias e várias horas. Conversamos sobre isso com nossas equipes de oração. Eles oraram por mim e fui curado da noite para o dia. Assim, tenho uma ideia do que o filho da sunamita sentiu.

Há um versículo na Bíblia que costuma ser mal interpretado, sobre nossa batalha com o inimigo. A pontuação na versão Almeida Revista e Corrigida sugere um significado que as versões posteriores parecem retificar. Esta é a tradução mais antiga de Isaías 59.19: "Então, temerão o nome do Senhor desde o poente e a sua glória, desde o nascente do sol; vindo o inimigo como uma corrente de águas, o Espírito do Senhor arvorará contra ele a sua bandeira".

Traduções posteriores olham para essa imagem a partir de outro ângulo. Veja dois exemplos:

> Desde o poente os homens temerão o nome do Senhor, e desde o nascente, a sua glória. Pois ele virá como uma inundação impelida pelo sopro do Senhor. (*Nova Versão Internacional*)

> Temerão, pois, o nome do Senhor desde o poente e a sua glória, desde o nascente do sol; pois virá como torrente impetuosa, impelida pelo Espírito do Senhor. (*Almeida Revista e Atualizada*)

Observamos que é comum o Senhor permitir que o mal se desenvolva como uma fruta que amadurece no pé. Durante esse processo, as circunstâncias podem tornar-se muito difíceis e até mesmo desanimadoras para o justo. Contudo, é a glória daqueles que conhecem seu Deus não se desesperar, mas continuar aguardando a aparição de Deus — quando a luz triunfará sobre as trevas — assim como os filhos de Israel esperaram quatrocentos anos para ser libertados da escravidão do Egito. Como João disse acerca de Jesus em seu evangelho, "a luz brilha nas trevas, e as trevas não a derrotaram" (v. João 1.5). Exatamente quando parece que toda esperança se foi e que não há possibilidade de o bem promover uma reviravolta, a glória do Senhor aparece. Esse texto das Escrituras diz numa palavra aquilo que todos nós precisamos perceber. Em última análise, o próprio Deus defenderá sua palavra, seu povo e sua missão. E, na plenitude dos tempos, ele descerá e afastará a presença e o poder do inimigo a fim de redimir o povo de sua aliança e abrir caminho para ele. Como Moisés viu quando abriu o mar, ou como Davi provou de Deus em Baal-Perazim, ele é o Deus que vem como uma inundação.

147

Crie a atmosfera para os milagres

A sunamita acreditava que tudo estava bem. Isso tinha como base não os seus sentimentos, mas a imutável e eterna fonte de sua paz. Essa crença lhe permitiu criar a atmosfera para um milagre.

Outra maneira de afirmar isso é dizer que a sunamita guardava sua paz. Ela evitava a tentação de culpar a Deus pelo mal. No lugar do contentamento, durante todos aqueles anos, ela aprendeu a manter a boca fechada e a língua sob controle. A língua, como Tiago nos diz, é semelhante a um leme que nos levará a diferentes situações, dependendo de como o utilizamos. É comum as pessoas deixarem de liberar a atmosfera da glória da ressurreição porque falam demais, reclamam demais e permitem que a autopiedade as consuma. Guarde a sua paz.

Se você não puder avançar positivamente, é melhor ser neutro do que negativo. Se não souber o que dizer, não diga nada. Precisamos aprender a nos disciplinar para que pelo menos não façamos mais mal do que bem. Não devemos deixar que a atmosfera seja determinada por nossas circunstâncias, ou a atmosfera em breve se encherá de medo, pânico ou outras emoções da alma.

Se isso acontecer, retornaremos à força da carne e perderemos o milagre. Se a sunamita tivesse revelado emoções da alma, sua cultura teria entrado em cena e conduzido a situação por um rumo completamente diferente. Os pranteadores teriam vindo e a criadagem e a comunidade a teriam levado a crer que "a criança está morta. Enterre seu filho". A sunamita assumiu o controle da situação. Não deixou que os outros definissem os termos do seu momento de desafio. Ela foi adiante: deitou o menino na cama do homem de Deus, fechou a porta e saiu. Estava certa de que, onde a glória já estivera, estaria de novo. Aquela mulher esperava plenamente a ressurreição.

Ora, temos todo o direito de sentir uma ampla gama de emoções durante esses momentos de provação. Mas tudo se resume a duas opções: viver de acordo com as circunstâncias ou viver pela fé e pela unção ligadas à presença divina. Os milagres surgem no âmbito da unção, o Reino invisível, o Reino no qual a fé é a substância, a evidência. O Espírito de Deus habitava sua casa e fizera algo em seu corpo. A partir de seu serviço e de sua adoração, a sunamita criou um lugar para a unção, e a promessa chegou. Ela havia abraçado a promessa. Essa unção a ajudou a perseguir a glória da ressurreição.

Não desça da sua jumenta

A sunamita ordenou ao servo que trouxe a jumenta: "Vamos rápido; só pare quando eu mandar".

E quanto a você? Deus já lhe garantiu que um ente querido será curado? Instruiu você a montar um novo negócio? Deu-lhe as primeiras indicações de que sua família totalmente disfuncional será restaurada? Mostrou-lhe como agir numa nova área de ministério? Então não se abale com a jornada acidentada. Não desanime com o fato de ter de voltar a um poço de água de vez em quando. Não se preocupe caso seu ritmo diminua quando estiver subindo essa montanha. Permaneça na jumenta. Se você tiver um objetivo em vista, as circunstâncias não devem fazer que você retorne.

Estamos acostumados a coisas instantâneas. Micro-ondas para cozinhar. Aviões para viajar. Aquele programa de televisão de uma hora precisa ter todas as pontas amarradas no tempo determinado. É preciso maturidade para manter o curso — e possivelmente um traseiro de aço se considerarmos que a sunamita sacolejou por 25 quilômetros no lombo de uma jumenta! Mas não pare agora. Siga em frente. Chegue àquele cujo monte do templo está estabelecido como o principal (v. Isaías 2.2). Vemos Jesus quando ele fez seu rosto como um seixo para subir a Jerusalém. Tomamos como base sua determinação férrea e a vitória que operou por nós no monte do Calvário. Tendo-o como nosso exemplo, saímos nessa direção, rumo à conquista do nosso monte do milagre.

Lembre-se: seguindo essa linha, aqueles pequenos atos de fé liberam os milagres de Deus. Você pode imaginar-se, onde estiver, cavalgando ao lado da sunamita em sua jumenta. Não há mal nenhum em dizer a si mesmo: "Estou em cima da minha jumenta para obter meu milagre".

Também é bom ter alguém que concorde com você, alguém que caminhe ao seu lado na jornada, como o servo fez com a sunamita. Em outras palavras, um parceiro de oração, alguém que concorde com você, alguém que acredite como você, alguém que entenda a visão, alguém que carregue a mesma vibração vinda da glória. Talvez um presbítero ou um pastor possa encorajá-lo com sabedoria, orientação ou conselho. O servo da sunamita sabia como conduzir a jumenta.

Esteja ciente de que isso é uma jornada

Se você já passou tempo bastante nessa jumenta, abrindo espaço para a glória e a unção de Deus, está aprendendo a encarar o relacionamento com Deus como uma prioridade. É bem provável que você entenda que Deus incluiu no processo de uma obra redentora contínua.

É comum que a parte mais importante da jornada comece no momento em que chegamos ao fim de nós mesmos. Lembra-se de Jonas? Temos nossa própria teoria sobre a razão pela qual os ninivitas decidiram dar ouvidos a Jonas. Provavelmente isso não se deveu tanto à unção de Deus, mas ao fato de ele ter sido processado pelos sucos gástricos de um peixe durante três dias.

Jonas não quer ser um ministro de misericórdia e graça para o povo ao qual Deus o está enviando. Ele quer que todas aquelas pessoas morram. Quer pedir que desça fogo do céu. Mas Deus tem outra coisa em mente. Assim, Jonas compra uma passagem de navio para ir em direção oposta, e Deus envia uma tempestade e um peixe para levá-lo na direção certa.

Jonas recebe a grande visitação de Deus no momento em que se encontra na barriga do peixe. De repente, ele se torna o homem de Deus de fé e poder, pronto para realizar a vontade divina. Mas, naquele momento particular, ele está na barriga de um grande peixe, com algas enroladas em torno de sua cabeça. Dá para imaginar o cheiro ali dentro? Pessoas realizaram experiências com sucos gástricos de peixe e descobriram que a primeira coisa a desaparecer teriam sido suas roupas. Depois, o cabelo. Então, as primeiras camadas da pele teriam começado a se dissolver. Esse é o estado em que Jonas se encontra quando, por volta do terceiro dia, o peixe o vomita na praia.

Agora, aqui está esse homem de Deus, nu, careca e com a pele semelhante à de um leproso, deitado numa poça de vômito de peixe numa praia arenosa. Imagine como foi sua caminhada até a cidade! Você já percebeu que Deus o manteve na barriga do peixe a mesma quantidade de dias que Jonas levaria para cruzar a cidade com a mensagem? Isso o mantém seguindo em frente: ele não quer passar nem perto do mar!

Desse modo, quando Jonas caminha por Nínive dizendo: "Tenho uma mensagem de Deus para vocês", as pessoas ficam maravilhadas. Elas comentam: "É melhor ouvirmos; caso contrário, isso acontecerá conosco!".

Ou, então, pense no processo pelo qual passou Abraão, que tenta realizar a promessa com a serva de Sara e termina tendo de lidar com um adolescente de 13 anos de idade — opa, uma obra da carne! — e *ainda* não havia recebido a promessa. Mas Abraão ouviu a voz de Deus chamando-o: "Eu sou Deus, Shaddai, o Todo-poderoso, o Deus das montanhas. Ande na minha Presença e seja íntegro". Abraão recebe a promessa e, quando Deus o chama para caminhar com o filho da promessa até o topo da montanha e sacrificá-lo no altar, Abraão acata porque sabe que Deus trará a promessa de volta à vida.

Continue lutando

Poderíamos seguir esse princípio do prazer de Deus em cumprir as promessas feitas a seu povo por toda a Bíblia — Jó, Ana (mãe de Samuel), José, Jacó, Ana (a profetisa). Deus procurou vasos terrenos que estivessem dispostos a segui-lo de todo coração, mesmo quando parecesse que as promessas não se realizariam.

A resposta deles à promessa de Deus — e a nossa resposta também — produz uma aliança com condições que devem ser honradas por ambas as partes. A parte de Deus é inquebrável e contínua, mas nossa parte tende a vacilar diante do desafio de lutar contra poderes, autoridades e forças espirituais do mal nas regiões celestiais, assim como lidar com nossa própria carne.

Contudo, se formos fiéis a ponto de termos a mente preparada e de lutarmos pela bênção, veremos coisas pelas quais os pais de nossa fé esperaram, viveram e morreram. O próprio Jesus lutou durante os dias de sua jornada nesta terra para que pudéssemos obter a promessa do Pai, seu Espírito Santo, e fizéssemos obras maiores do que as que ele realizou. A sunamita tornou-se a administradora de um presente. Quando o presente lhe foi tirado, ela foi à fonte em busca da vida daquele presente. Em Deus ela obteve a confiança de que "está tudo bem". Na presença do Pai ela encontrou a consolação que buscava.

Tal como a sunamita, estamos cuidando de algo. Somos os recipientes dos milagres de Deus dos últimos dias: salvação, libertação, cura. No caso da sunamita, era um filho. Em nosso caso, pode ser um casamento morto, um negócio morto, um ministério morto. Seja o que for, coloque-o na cama onde repousou a porção dobrada. Então, siga em frente, sem desanimar até obter sua resposta. Você enfrentará reveses? Sim. Mas, se estiver vivo e cheio de esperança, se tiver sido ungido, você, tal como a sunamita, pode esperar um "milagre extra".

Capítulo 8
DIA DE RESSURREIÇÃO

Mas de fato Cristo ressuscitou dentre os mortos, sendo ele as primícias dentre aqueles que dormiram.

1Coríntios 15.20

A sunamita fala...

À medida que a jumenta gradualmente reduzia a velocidade em função do peso sobre ela, o servo passou a andar ao seu lado, mantendo o passo. Já havíamos cavalgado por mais de meio dia e, a cada sacolejo, outra palavra de intercessão saía de meus lábios. Eu mal havia tirado os olhos da montanha. Aquele pico se tornara o Sinai para mim, e o homem de Deus, Moisés. Os antigos nos dizem que Deus vestiu seu *tallit* e desceu para se encontrar com Moisés. Quando o libertador desceu daquela montanha, a glória refletida ainda reluzia em sua face. Minha face brilharia hoje? Deus desceria até mim? Eu veria a sua glória?

Finalmente, tendo o sol viajado por uma boa porção do céu, caminhávamos pelas flores silvestres e pelas giestas espinhosas que tingiam a colina de rosa, branco e amarelo. A parte final de nossa jornada nos levaria por entre carvalhos que se encurvavam como tantas outras plantas empoeiradas, seguindo o relevo, uma ao lado da outra, por onde suas sementes haviam sido espalhadas nas estações passadas.

Vi um vulto descendo o caminho para se encontrar conosco. Era Geazi. Naquele dia, achei que ele tinha a face de um anjo, pois sua aparição significava que o profeta estava ali. Geazi nos alcançou e expressou a preocupação de seu mestre por mim, por meu marido e pelo menino.

— Está tudo bem — eu disse, desviando o olhar para um ponto mais alto do caminho.

Agarrando a ponta da sela, com o vestido enrolado de uma maneira não muito feminina ao meu redor, apoiei-me nas costas inclinadas do animal enquanto vencíamos a última parte do caminho que levava ao terraço da casa de Eliseu.

E lá estava ele.

Desci da sela e corri na direção do profeta. Caindo aos seus pés, agarrei os calcanhares de Eliseu, apegando-me a eles como se segurasse o fôlego da vida de meu filho.

As mãos de Geazi se esticaram como que para me afastar.

— Não — disse o profeta. — Não a impeça. Ela está muito angustiada e o Senhor escondeu de mim a razão de sua angústia.

— Por acaso lhe pedi um filho? — gritei finalmente, entre o choro contido. — Não lhe pedi que não me enganasse? Não lhe implorei para não mentir?

Então o profeta entendeu.

— Geazi, pegue meu cajado — disse. Eliseu entregou-lhe a vara de madeira sobre a qual havia tanto se apoiava. Foi como Moisés estendendo-a em poder sobre o mar. — Não fale com ninguém. Se alguém o cumprimentar, nem sequer responda. Não se detenha por nenhuma razão, mas corra agora até Suném e coloque meu cajado sobre o rosto da criança.

No instante em que Geazi arrumou as vestes por dentro do cinto e agarrou o cajado de poder com as duas mãos, ouviu-se um trovão vindo do mar. Lembrei-me imediatamente da chave! Eu havia trancado a porta. Remexi as dobras de meu vestido. Segurando as mãos de Geazi, entreguei-lhe a chave. Ele começou a descer a montanha correndo.

Então Eliseu ajudou-me a levantar.

— Volte, sunamita — ele disse simplesmente. — Vá para casa. Volte agora mesmo. Enviei meu servo para despertar o menino.

Mas não fiz nada daquilo. Caí sobre seus pés novamente e envolvi suas pernas com meus braços. A borda daquele

Dia de ressurreição

manto de pelos que cobrira o homem de Deus por tanto tempo encheu meu campo de visão.

— Não, meu senhor! — disse-lhe. — Não voltarei. Não sairei daqui enquanto o senhor não voltar comigo! Acredite, eu seria capaz de ficar ali naquela montanha por um, dois, três dias. Durasse o tempo que fosse, eu não cederia. Ficaria ali até que ele trouxesse meu filho de volta a meus braços.

Olhei para cima, e os olhos castanhos claros do profeta encontraram os meus. Eram cheios de bondade e compreensão. Eliseu ergueu o rosto aos céus. Quando olhou de volta para mim, consentiu.

— Vamos descer — disse ele.

Lá fomos nós outra vez pela planície, em silêncio, eu e o profeta. A lentidão de nossa jornada era torturante, pois o servo levava a jumenta num passo que lhe pudesse garantir energia para os quilômetros a nossa frente.

Quando avistamos Suném, o sol no oriente se punha por entre as nuvens de tempestade. Os ceifeiros, juntamente com Joctã, não olharam para cima quando passamos por eles em silêncio. Pude ouvi-los cantar juntos à medida que enfeixavam e separavam os molhos. O coração deles estava feliz. Deus havia abençoado seu progresso e também retivera a tempestade. Eram aplicados em seu trabalho. Em breve acenderiam tochas e continuariam noite adentro.

Geazi voltava para nos encontrar.

— O menino não despertou — disse ele ao profeta.

Virei meu rosto para o outro lado e o cobri com meu véu.

Eliseu passou a perna por sobre o pescoço da jumenta e desceu.

159

— Subirei sozinho até ele — disse o profeta.

Concordei, desmontei e o segui até a casa.

Não conseguia relaxar em lugar nenhum, nem me tranquilizar junto ao fogo. Em vez disso, fiquei em pé, tal qual uma visitante esperando para ser recebida. As criadas não disseram nada, mas eu imaginava que, em função da atividade incomum na casa, elas teriam percebido a gravidade da doença da criança. Tenho certeza de que elas oraram. Não vi a cena a seguir, mas a casa toda logo ficou sabendo da história pela boca do próprio profeta.

Dentro da sala, a lâmpada lançava uma luz pálida sobre o corpo inerte do menino. Sua face estava serena, e suas mãos estavam dobradas gentilmente uma sobre a outra.

Eliseu aproximou-se cuidadosamente, como se um movimento repentino pudesse perturbar a criança. Olhou para a cama que era seu próprio lugar de repouso, onde a palavra do Senhor para Israel viera muitas vezes em sonho. A mesma cama de onde saíra a promessa do nascimento daquele menino.

Eliseu tocou a face de Habacuque. Por um momento, seu coração apertou-lhe a garganta, mas, então, alguma coisa a mais, aquela mão maior, invisível, na qual ele se apoiava, o ergueu. Como uma lembrança pessoal, as imagens de seu velho mestre vieram-lhe à mente. Cenas de outra casa e de outro menino que jazia morto, o filho da viúva de Sarepta, a quem Elias ressuscitara.

O profeta apoiou seu cajado na cabeceira da cama. Um poderoso surto de fé ergueu-se de suas entranhas. *Ouça, ó Israel: O Senhor, o nosso Deus, é o único Senhor.*

Eliseu se movimentou. Andou para cima e para baixo, de um lado para outro da cama. Às vezes suas mãos se erguiam no ar. Às vezes batiam uma na outra ou se esfregavam, juntamente com as palavras de sua oração interior. Às vezes encarando o menino, às vezes desviando o olhar, Eliseu caminhava. Mas a presença da morte ainda parecia um abismo que nenhum homem poderia transpor — pelo menos não poderia cruzar e depois voltar. Lá no fundo, Eliseu sabia que, por si só, não poderia dar esse salto e trazer o espírito do menino de volta. O abismo era grande demais.

Mas Deus não é homem para que minta!

O profeta andou por sobre o tapete vermelho e orou de novo. Tinha os olhos fechados enquanto se movia de uma parede a outra. Gotas de suor começaram a se formar em sua fronte.

Senhor da glória, tu não és devedor de nenhum homem!

Eliseu fechou os olhos, com sobrancelhas franzidas em grande esforço procurando, buscando, saltando entre dois reinos, o daquela sala e o dos mais altos céus.

Que eu possa ver a tua glória!, orava o homem que recebera uma porção dobrada da unção de seu mestre.

Embora se mantivesse em pé e ereto, por dentro o grande servo de Deus estava estatelado no chão, com rosto em terra, diante daquele trono, o trono do julgamento onde a misericórdia triunfa.

De repente, Eliseu viu. A sala se encheu. Ali, ao redor dele, havia milhares de asas de anjos e o farfalhar tão aterrorizante de criaturas que, se suas vozes fossem ouvidas, a terra repentinamente se calaria. O próprio Deus da glória viera até seu servo.

Com a imagem de seu mestre na mente, Eliseu subiu na cama.

Olhos com olhos, mãos com mãos, sua boca sobre a própria boca do menino, o servo curvou-se como um leão sobre sua presa. Então Eliseu soprou. Não soprou com a força da carne humana, nem com a vontade da mente humana. Ele era simplesmente um vaso, um vaso que continha a glória. O pequeno corpo se aqueceu em função do toque do profeta. Eliseu percebeu isso e afastou-se rapidamente, olhando, esperando, procurando para ver se as narinas do menino brilhavam para a vida novamente. Seus olhos se voltaram para o peito de Habacuque.

Ele se erguia e abaixava?

Habacuque estava inerte, mas havia um rubor de calor em suas mãos.

Na primeira vez em que se colocou sobre ele, Eliseu não teve um sentimento de poder muito grande. O surto de fé que surgira da Presença e enchera a sala parecia ter emanado mais de suas entranhas do que de sua mente.

Mas, ao que parece, o intercessor se afastara cedo demais, pois o fôlego do menino não retornara. Habacuque estava suspenso em algum lugar entre este mundo e o próximo.

Diante dessa constatação, um sentimento de santa indignação diante do poder das trevas que se recusavam a deixar que a criança voltasse encheu o homem de Deus. Ele se pôs novamente sobre o menino e pressionou sua cabeça contra a cabeça de Habacuque. Olhos com olhos, boca com boca, e Eliseu soprou outra vez. Na escuridão levantou-se o espectro de uma serpente, com cabeça, boca e olhos empurrando o profeta como se guinchasse: "Você não o terá!".

Mas o Espírito dentro de Eliseu simplesmente soprou, exalando vida. Naquele momento, Eliseu parecia ter se transportado para algum lugar fora de si mesmo, como se tivesse saído para que Deus entrasse. E, quando os olhos fechados de Habacuque repentinamente se abriram e o menino começou a espirrar, o coração de Eliseu quase explodiu de alívio.

Dia de ressurreição

O olhar de Eliseu se ergueu, como que de um sonho nebuloso; seus olhos estavam arregalados e inocentes. O menino parecia não reconhecer o amigo que estava sobre ele.

Não havia palavras de oração ou alguma outra exclamação a ser feita no momento daquele grande e maravilhoso ato do supremo poder de Javé. Não havia resposta adequada a ser dada, nada que se equiparasse àquilo que o profeta testemunhara. Vida dentre os mortos! O maior milagre de todos — bem ali, diante de seus próprios olhos. Era indescritível.

— Geazi — o profeta chamou, falando baixo. A tranca da porta do quarto se abriu, e o servo espiou.

— Meu senhor? — disse Geazi.

A voz de Eliseu saiu rachada quando ele falou:

— Chame a sunamita.

E nós ouvimos...

Sobre que coisa morta você está posto hoje? Deus tem esta palavra para você e sua família, para suas esperanças, para seus sonhos, para todas as promessas que você abraçou como sendo suas. De fato, é uma palavra até mesmo para as cidades e nações que estão morrendo ou cujas economias estão definhando. *Deus quer ressuscitar e restaurar*. Nosso Deus é um Deus de ressurreição. Ele é um Deus de milagres, sinais e maravilhas. Se você abrir espaço para ele, entrará em ação a glória milagrosa.

Isso não é ciência. Como você certamente percebeu por todo este livro, é arte. Não encontramos os milagres caçando-os. Encontramos os milagres buscando de todo o coração aquele que vem com poder de ressurreição.

Só temos autoridade no Reino dos milagres por causa daquilo que Jesus fez. Ao abrirmos espaço para Cristo e aprofundarmos nosso relacionamento com ele, criamos esse lugar para o milagre. A glória está ali. Vamos analisar mais detalhadamente a arte de entrar em sua glória.

Reavivamento do evangelho pleno

O ministério de boas-novas de Jesus, que cumpriu todas as escrituras proféticas de todo o Antigo Testamento, concentrou-se na cura e na libertação. É bastante claro: a Bíblia diz que "Deus ungiu a Jesus de Nazaré com o Espírito Santo e

Dia de ressurreição

poder [...] ele andou por toda parte fazendo o bem e curando todos os oprimidos pelo Diabo, porque Deus estava com ele" (Atos 10.38). Cura e libertação de demônios são duas das principais manifestações do avanço do Reino da luz.

Também está bastante claro que Satanás tem dois objetivos básicos de oposição: dominar o mundo e receber a adoração que pertence a Deus. Assim, quando virmos as trevas aumentando — conflitos, guerras, disputas —, devemos reconhecer que estamos diante de uma maravilhosa oportunidade de avançar o Reino da luz.

De fato, testemunhamos hoje um reavivamento do evangelho pleno — o evangelho proclamado e os sinais e maravilhas que se seguem. É realmente maravilhoso saber individualmente quão significativa é nossa vida neste momento. Os crentes em Cristo são as pessoas capazes de pedir que haja reavivamento ou que a glória de Deus desça até nós. O mundo inteiro é um palco armado para a Igreja do Deus vivo se levantar e deixar que sua luz brilhe.

Como obtemos essa vitória? Seguimos a vitória que Cristo já venceu por nós. O texto de Colossenses 2.15 afirma que, por meio da cruz, Jesus despojou os poderes e as autoridades e fez deles um espetáculo público, triunfando na cruz. Jesus os saqueou. Arrancou-lhes todas as suas armas e entregou essa vitória à Igreja. Na Grande Comissão, ao dizer "Saiam pelo mundo e preguem o evangelho; sinais e maravilhas, milagres de cura e libertação seguirão vocês" (v. Marcos 16.15-19), ele estava basicamente declarando: "Executem a minha vitória". Já possuímos a vitória; agora é uma questão de fazê-la manifestar-se sobre a terra.

Entrando no seu milagre

Não desista se, à medida que você abraçar a verdade da vitória de Jesus, seu milagre não se evidencia logo de início. Quando a sunamita chegou a Eliseu, não recebeu imediatamente o milagre que estava procurando. Eliseu enviou Geazi à frente, levando o cajado de Eliseu com instruções para colocá-lo sobre a face do menino. Às vezes Deus nos dá um sinal antecipado de seu milagre. O sinal é um indicador de que Deus está a caminho com a resposta final. O cajado de Eliseu foi o ponto de contato com a glória que viria, do mesmo modo que a vara de Arão foi um sinal de vida na unção.

Seu sinal pode ser uma promessa profética, um texto das Escrituras que chama a atenção, um sonho ou uma visão que você recebe. Pode ser uma conquista parcial. Receba o sinal e aceite que a resposta final está a caminho. A sunamita recebeu o sinal enquanto permanecia firme aos pés de Eliseu até ver sua promessa viva outra vez. Não despreze os sinais que Deus dá. Eles o ligam à glória até que a resposta chegue.

Foi isso o que Bonnie e eu fizemos em relação ao nascimento de Aaron, como dissemos no Capítulo 1. Quando Bonnie estava grávida dele, o Senhor lhe disse: *Você terá um filho. Dê-lhe o nome de Aaron* ["Arão" em inglês], *pois farei a vara de sua vida florescer como fiz com a vara de Arão no passado.* Essa palavra veio semanas antes de Aaron nascer, num momento em que não havia nenhum sinal de vida no corpo de Bonnie, que passava por sofrimento constante.

A partir daquela palavra, daquele sinal, passamos a confiar que, na glória, uma vara seca pode tornar-se uma árvore frutífera! No momento em que Aaron nasceu, com apenas cinco meses de gestação e sérias complicações e doenças, Bonnie disse:

Dia de ressurreição

"É um menino, não é?". Quando o médico concordou com a cabeça, tendo no rosto um olhar de terrível angústia diante da situação impossível da pequena criança em suas mãos, Bonnie declarou: "Seu nome é Aaron, e ele viverá, e não morrerá". Ela se firmou no sinal que lhe fora dado anteriormente, e Deus honrou sua palavra.

A religião nos deu uma percepção errada dos milagres. Fomos treinados para nos enxergar como algo distante do problema, afastados da solução. Como cristãos, porém, somos embaixadores do céu. Carregamos em nós a própria solução! Jesus é nosso milagre. Vivo, como foi visto por seus discípulos quando saiu da sepultura, ele habita em nós através do Espírito Santo. Ao carregar conosco o Cristo vivo, podemos penetrar no problema e encontrar a Solução. Ao habitar em sua Presença, você se torna um com Deus — um com o seu milagre.

As Escrituras são uma ferramenta particularmente poderosa nesse sentido. A Palavra de Deus é eterna. É viva, ativa e cheia do poder de Deus para criar. Deus revela a si mesmo e a sua glória em sua Palavra. Quanto mais você medita na Palavra de Deus, mais se harmoniza com ele. A Palavra é verdadeira em todos os aspectos. Na noite anterior ao nascimento de Aaron, Bonnie sonhou que o Senhor lhe falara palavras do salmo 29. No dia seguinte, aquelas palavras entraram em seu corpo por meio de uma experiência viva e fizeram que Aaron nascesse. Ela e Aaron se tornaram um com a Palavra viva. A Palavra de Deus vibra com a glória do céu. Conforme você assimila sua vibração, o que acontece no céu acontece onde você está na terra.

Ben, nosso primeiro filho, nasceu com doença terminal nos rins. Quando ele estava à beira da morte, eu, Bonnie, lembro-me de ver Mahesh com sua Bíblia e um bloco de anotações, tomando nota de todos os textos sobre cura que conseguia encontrar. Aquele bloco registrou nossa herança em Jesus, as promessas, as palavras proféticas. Deus é fiel à sua palavra. Quando nenhum médico era capaz de ajudar, nós — e todos os colegas queridos que nos apoiaram em oração e em jejum — nos apegamos à fonte de vida da Palavra.

Um dos primeiros versículos que clamamos foi Êxodo 23.25: "Prestem culto ao Senhor, o Deus de vocês, e ele os abençoará, dando-lhes alimento e água. Tirarei a doença do meio de vocês". Ao nos firmarmos naquele texto, vimos a glória do Senhor descer sobre Ben de maneira miraculosa. O Senhor o curou completamente — seus rins e todo seu sistema urinário. Sabemos que isso é verdade porque vivemos essa situação. Podemos tomar posse disso em favor daqueles que precisam de cura. Hoje, quando oramos por cura — particularmente de crianças —, esse é um dos primeiros versículos que clamamos, em função de nossa própria experiência.

Seja onde for que você tenha experimentado Deus no passado, experimente-o novamente. Foi isso o que a sunamita fez. Deus desceu e deu-lhe um filho. Isso lhe mostrou que era da vontade de Deus que a sunamita fosse curada, que fosse abençoada, que se tornasse frutífera e produtiva. Então, quando a criança morreu, ela pôde ir a ele e dizer: "Deus, sei quem o Senhor é. Não aceitarei a morte porque o Senhor é o Deus da vida".

Veja Jesus mais claramente

Deus abala nossas circunstâncias para que possamos ver Jesus mais claramente. É como se você estivesse escalando a montanha de sua glória. Agentes do inimigo tentarão segurar sua perna para que você permaneça nos níveis inferiores em vez de se mover para lugares mais elevados, onde está a glória de Deus.

Ana, a estéril, é um bom exemplo disso. Tinha um marido, Elcana, mas também tinha uma rival, a outra mulher de Elcana. De certo modo, essa rival era a voz do inimigo. Ela provocava Ana severamente, deixando-a muito triste. Lemos em 1Samuel 1.7-10 que, ano após ano, quando Elcana subia com sua família até a casa do Senhor, sua rival a provocava. O coração de Ana ficava tão machucado que ela chorava e não comia. Sofria muita angústia.

É isso o que o inimigo faz. Ele penetra no meio de sua angústia e o deixa infeliz. A pergunta, então, se torna esta: Ao passar por uma necessidade, quão intensamente você deseja entrar na provisão do Senhor? Se você está falando sério quanto a receber um milagre, é nesse momento que você precisa ter um relacionamento mais intenso com Deus. Algumas pessoas preferem concentrar-se em sua batalha contra o inimigo. A melhor escolha é intensificar sua vida com o Senhor, louvá-lo, adorá-lo e tornar-se um com ele.

Jesus levou alguns de seus discípulos ao alto do monte, onde sua glória brilhou. Foi como se eles o conhecessem como Clark Kent, e então, o vissem como Super-homem! Quando chega o desafio, quando a promessa morre, não tenha medo. Não dê ouvidos ao ladrão, ao usurpador, ao destruidor. Trata-se apenas de um arranjo para que Jesus se torne ainda mais glorioso.

Observe que o inimigo está tentando brincar com sua mente, fazer que você fique ansioso e chateado. Você precisa ir à casa do Senhor, à casa de oração, à casa da glória. Descobrirá

169

que, ao entrar no cerne da oração, você se prepara para a ressurreição do milagre.

Sobre que coisa morta você está posto hoje? Talvez você seja aquele que vai soprar vida numa criança, num sonho, num ministério no centro da cidade. Torne-se um agente da glória miraculosa de Deus. Esse é o momento em que cidades e nações consideradas mortas serão reavivadas, porque os agentes de Deus estarão ali, proferindo palavras de vida e glória.

Possuímos a vitória; agora, é hora de torná-la manifesta. Levante-se, refulja, torne-se um transportador da glória da ressurreição.

Capítulo 9
ESPAÇO PARA MAIS MILAGRES

Olho nenhum viu, ouvido nenhum ouviu, mente nenhuma imaginou o que Deus preparou para aqueles que o amam.

1Coríntios 2.9

A sunamita fala...

A luz trêmula do candeeiro foi a primeira coisa que vi assim que a porta se abriu. Depois, os pés de nosso filho apoiados no chão e, logo atrás dele, o homem de Deus.

— Mamãe?

Ele está vivo!

Javé, a força da minha vida, respondera a minha oração! Habacuque está vivo de novo!

Achei que meu coração explodiria de tamanho alívio e alegria. Lágrimas de gratidão indizível inundavam meus olhos enquanto eu me prostrava diante do servo do Rei dos céus.

— Bendito seja o Deus de nossos pais. Bendito seja o Deus de Eliseu que ouviu meu clamor e me respondeu hoje — disse eu. Lancei-me a seus pés mais uma vez, mas, agora, em celebração. — Graças sejam dadas a Deus, meu Senhor, a quem o profeta serve!

Eliseu tocou levemente a minha cabeça.

— Pegue o seu filho.

— Mamãe, estou com fome! — disse Habacuque. Comecei a rir, enquanto lhe dava um abraço bem forte.

— Sunamita? — disse Eliseu de novo.

— Sim, meu senhor — respondi ao me voltar para o servo de Deus.

— Uma grande fome está por vir — disse o profeta, como se seu semblante contemplasse uma fornalha. Ele parecia exausto diante das visões que tivera no despertar da ressurreição.

Descobri que o poder que flui da presença do Senhor fora, num primeiro momento, doce como o mel em sua boca. Mas se transformara em amargor quando passou por ali aquele que detém todo o conhecimento. Em seu despertar, como se carregados em sua caravana, havia nuvens escuras, redemoinhos de pó e, de dentro dessa tempestade, Eliseu ouviu os clamores de uma nação em angústia. Pestilência. Israel implorando por pão e enfraquecendo pela falta de água.

Tratava-se do futuro imediato de nosso povo. Uma recompensa pelo pecado de ter se desviado do Senhor e buscado ídolos vazios. O povo de Deus se enchera de vaidade. Confiara na força de sua própria carne para se salvar. A colheita abundante enchera a terra fértil, mas o povo se esquecera de seu Deus. Religiosos e imprestáveis, como ovelhas sem pastor ou filhos que se recusam a aceitar a correção. Nenhuma fantasia era tola demais para não ser perseguida, nenhuma doutrina era perversa demais para não ser proclamada.

O Senhor esvaziaria os celeiros de Israel como esvaziara a barriga do povo. Esvaziaria seus bolsos e transformaria suas orgias e festas em choro e ranger de dentes. Derramaria seus juízos até que os israelitas chegassem ao fim de si mesmos e voltassem ao Deus que os amava. A purificação viria como o fogo do ourives.

Eliseu vira em sua visão como as chamas secaram o oceano e queimaram a terra. Lamberam as vestes do profeta, chamuscaram sua barba e os pelos de seus braços. Seu corpo sentiu as fortes dores da fome de uma nação sofrendo escassez e sujeita às trevas da alma.

Geazi observava com os olhos arregalados.

Então, recobrando as forças, Eliseu olhou para mim diretamente, com uma expressão austera e clara.

— Alegre-se hoje com a volta de seu filho. Que sua casa, seu marido e os ceifeiros encham os celeiros e armazenem comida em sua despensa. Deem graças e louvem ao Senhor que provê semente para o semeador e pão para o que come. Lembrem-se dessa colheita — disse Eliseu.

A tempestade vermelha de areia e pó e os clamores da angústia da fome se dobraram como uma tenda e desapareceram como a visão lhe viera. Em seu despertar, a palavra do Senhor caiu sobre seu servo, e Eliseu falou na posição de alguém que sabe aquilo que o homem natural não pode descobrir: o conhecimento do que está por vir.

— Assim diz o Senhor, minha nobre senhora: "Nesta mesma época, no ano que vem, terão início sete anos de severidade em Israel".

De uma hora para outra, a excitação de ver Habacuque vivo desapareceu de mim como água que sai de um vaso quebrado. Foi um momento estranho. Desde o dia em que eu compelira Eliseu a vir até minha casa, o cômodo que construíramos para ele se tornou um lugar de encontros incomuns. Eles foram tanto amargos como doces. Mas eu sabia que a palavra vinda do homem de Deus certamente se realizaria.

— O que devemos fazer? — perguntei-lhe.

— Você e sua casa devem ir para a terra dos filisteus e permanecer ali até que a fome acabe.

— A Filístia? A terra dos nossos inimigos?

Há muitas coisas que eu poderia contar sobre os sete anos seguintes. Os filisteus eram homens de cabelos longos e lisos e roupas esvoaçantes, que às vezes tatuavam imagens na pele, comiam alimentos impuros como carne de porco e até cães! Suas festas com vinho e sua adoração pagã ultrapassavam em muito os pecados de Israel.

Nos primeiros anos de nossa jornada, Joctã se empregou para trabalhar junto às forjas, pois os filisteus faziam muitas coisas em ferro e mantinham um arsenal. À medida que Joctã se enfraquecia por causa da idade, passou a levar o jovem Habacuque para o trabalho. Nosso menino chegava em casa banhado de suor como um homem adulto. Dentro de mim, eu orava para que Deus não permitisse que alguma arma forjada prevalecesse contra o nosso povo.

Habacuque queria conhecer cada vez mais nossos antepassados e de nossa religião. Ficava sentado, ouvindo por horas. Assim, enquanto permanecemos no exílio, não estávamos sem a Presença ou a bênção de Javé. Embora sentíssemos saudades de casa e precisássemos manter-nos separados por uma questão de cautela, não éramos mal-agradecidos nem estávamos privados de momentos repletos de alegria.

Embora Joctã fosse dedicado e habilidoso, o trabalho pesava sobre seu corpo. No sexto ano, meu marido adoeceu e não se recuperou. Seu último pedido foi que eu e Habacuque levássemos seus ossos conosco quando voltássemos à nossa cidade. Dei-lhe minha palavra e, enquanto minhas lágrimas escorriam, segurei sua mão apertada contra meu peito com a gratidão de uma esposa que fora muito amada.

Minhas criadas e eu continuamos a trabalhar com linho e tecelagem e vendíamos roupas para os comerciantes. Habacuque, já um menino-homem aos 12 anos de idade, também continuou nas forjas. Trabalhava, observava, esperava e sabia que Deus viria para nos libertar.

Certo dia, no final do verão, um ano após perder meu marido, chegaram notícias de que a fome em Israel havia acabado.

Finalmente voltaríamos para casa!

Quando enfim chegamos ao vale situado entre nossos montes, Gilboa e Tabor, éramos um retrato da bandeira de Issacar quando o Israel do passado saiu do Egito — nossos jumentos carregados, seguindo a passos firmes por entre os montes de bênção e maldição, e eu e Habacuque no carro de bois que seguia junto. Como prometido, os restos de Joctã vieram conosco para poderem descansar com seus pais assim que chegássemos a Suném.

Não estávamos preparados para a visão que nos recebeu ao entrarmos no local da herança de nossa tribo. Por sete anos a região fora privada de chuva e de cuidados. A fome havia terminado, mas a terra estava apenas começando a se recuperar.

Era essa a minha Jezreel?

A terra estava profundamente degenerada. Suas árvores eram hastes retorcidas, e as plantas não tinham a grossa camada de carne das folhas e dos frutos. Nossos terraços estavam cheios de pedras reviradas e cicatrizes onde o arado havia finalmente deixado de cortar. Eu podia ver vultos de figuras encurvadas escavando em busca da última fava de cereal ou de remanescentes empoeirados da última colheita, semeadores trabalhando lentamente entre torrões de terra vazios em busca de algo para alimentar seus filhos famintos.

Conforme subíamos pelo afloramento, tremi assim que finalmente pude avistar Suném. Os primeiros brotos de sua recuperação eram evidentes. Um fazendeiro arava um terraço ao longe. Eu estava confusa, pois os terrenos haviam assumido formas diferentes. Olhei na direção de nosso vinhedo para ver um vigia na torre, e meu coração disparou. Havia trabalhadores, mas de quem?

Estremeci diante da fria expectativa profética do estado de nosso pátio. Temia encontrar nossas antigas salas marcadas pelas marcas dos abusos de desocupados.

Descemos do carro e demos os últimos passos cuidadosamente, com os servos seguindo minha liderança. Não era o retorno alegre que eu imaginara. Milicianos estavam perfilados pelo caminho. Diante do portão, nosso cortejo estancou de repente.

— Parado aí! — gritou um dos guardas do rei. — Isto é propriedade do rei. A quem vocês procuram?

Propriedade do rei!

— Esta é a casa de Joctã, adjacente à casa de meu pai, antes dele — eu disse ao guarda. — Estou voltando depois de uma viagem de sete anos. Trouxe o herdeiro de volta às suas terras.

— Chamem o capitão — berrou o homem junto ao portão atrás de si, na direção do meu pátio, enquanto nos impedia de entrar. — Esta mulher afirma que esta casa é dela —. Então, o guarda prosseguiu:

— Você pode esperar do lado de dentro. Os outros ficam aqui. Quem é o herdeiro?

Antes que eu pudesse dizer alguma coisa, Habacuque falou.

— Aqui, sou eu! — disse ele. E, num instante, estava ao meu lado, numa postura de proteção.

Nós dois passamos pelo portão, entrando no pátio e vendo que ele estava cheio de estranhos.

Do lado de dentro havia cavalos em estábulos, assim como homens em pé, sentados e deitados ao ar livre. Suas armas e seus equipamentos se espalhavam pelo lugar. Havia fogo num buraco, junto ao qual dois homens agachados serviam aquilo que estava sendo preparado numa panela.

Nossa linda e nobre casa, agora um campo de ocupação!

— Vocês podem entrar e passar a noite no pátio, mas, pela manhã, precisarão encontrar outro lugar — disse o capitão.

Fiquei sem palavras. A casa para a qual eu voltara não era mais minha. As propriedades de Habacuque foram saqueadas! Nossa segurança se foi!

Meus apelos provocaram apenas um encolher de ombros e o conselho para que eu apelasse ao rei.

Assim que nos estabelecemos em segurança dentro dos muros de um dos homens de nossa tribo, fui em busca de nosso único recurso. E, de todas as visões que eu jamais poderia ter imaginado quando cheguei em casa, a mais surpreendente esperava por mim e por Habacuque na corte do rei Jorão. Fizemos nossa petição e entramos no pórtico de seu famoso palácio de mármore. O frio do interior era bem-vindo em comparação ao sol que brilhava lá fora. Os pilares, semelhantes a palmeiras esculpidas, lembravam uma floresta! Motivos egípcios adornavam as paredes e circundavam a base dos pilares.

Influência da rainha Jezabel, pensei.

Ninguém poderia imaginar que houvesse falta de alguma coisa dentre aquelas paredes. O pórtico estava cheio de pessoas buscando audiências de todo tipo. Havia cortesãos, militares, membros idosos do conselho. Habacuque e eu nos sentamos entre tantas outras pessoas que estavam ali implorando por uma audiência em função de diversas reclamações. O mensageiro voltou a nós quase imediatamente e fez um sinal apressado, para o desgosto de outros que afirmavam estar ali havia dois dias.

Nossos passos produziram um som oco à medida que seguíamos o homem do rei pelo caminho. Ao subirmos a escada que levava ao segundo nível, onde estava a sala do trono, orei pedindo coragem e as palavras certas.

Finalmente chegamos ao salão do rei e descobrimos que aquele lugar também estava cheio de gente, embora menos abarrotado. Imaginei que se tratasse de anciãos de várias cidades, comandantes do rei e algumas mulheres nobres que acompanhavam seus maridos, os quais haviam sido convidados a se assentar à mesa do rei. Pessoas iam e vinham, e todos pareciam ou estar acostumados àquele lugar ou então envolvidos em alguma atividade. Eu e Habacuque nos escondemos entre eles e esperamos ser chamados enquanto o mensageiro levava nosso caso ao escriba.

Percebi que as pessoas eram a audiência de algum tipo de entretenimento, uma vez que todos os olhos se voltavam para uma figura magra que falava e gesticulava bastante. À medida que meus sentidos se ajustaram ao que via e ouvia, uma voz atraiu minha atenção. Era estranhamente familiar. Por entre as pessoas, pude ver e descobrir que ele estava enrolado em diversas bandagens, como se fazia aos leprosos. Então percebi quem era.

Geazi!

Mas será que ele estava leproso? O que estaria fazendo na presença do rei? E onde estava seu mestre?

Meus piores temores pela sobrevivência de Eliseu, diante desse rei apóstata, poderiam tornar-se realidade.

Do mesmo modo que meus olhos se ajustaram àquela iluminação, o mesmo aconteceu a meus ouvidos. Geazi estava bastante animado, contando uma história que eu conhecia muito bem. Ele contava a minha história! Descrevia minha jornada pelo Esdrelom e como eu me jogara aos pés de seu velho mestre. Então, a história transformou-se no conto de Geazi correndo de volta à casa daquela mulher nobre, tendo o cajado de Eliseu firme em sua mão.

O rei, acomodado em seu trono, tinha um sorriso frouxo no rosto. Na minha imaginação, o rei Jorão era uma personagem imponente e fiquei surpresa ao constatar que ele tinha a aparência de uma pessoa bastante comum. Mas ao lado dele estava uma regente muito menos comum.

A rainha da qual eu ouvira falar desde a infância era notavelmente bela. Caminhava altiva e ereta como se um artesão tivesse moldado sua imagem em porcelana e pintado com as cores da Fenícia. Era impossível saber sua idade, mas sabia que ela era uma vez e meia mais velha que eu. Seus olhos eram delineados à moda dos egípcios, com *kohl* e verde esmeralda; suas vestes eram fenícias. Um dos ombros estava à mostra e era adornado com tanto ouro que poderia pagar o salário de um ano de um trabalhador. Seu cabelo estava arrumado num coque apertado. Ela parecia flutuar em vez de estar sentada no trono ao lado de seu filho. Seu olhar era frio e arrogante.

Jezabel, a infame assassina!

Orei o *Shema* em meu coração e apertei a mão de Habacuque.

Geazi continuava a falar, animando cada detalhe, e a audiência gostava de sua movimentação. Ele se tornara o centro do drama e se sentia à vontade naquele ambiente, como o bobo daquela corte. Alguém poderia até achar que ele mesmo criara o menino.

Habacuque sentou-se, imobilizado, enquanto ouvia sua história.

— A mulher entrou, pegou seu filho e jogou-o no ar — era o que Geazi dizia. A audiência segurou a respiração e, por fim, aplaudiu.

— Então, o profeta lhe disse: "A fome está chegando!".

A corte murmurou palavras de ressentimento. Quem dentre aquelas pessoas não sofrera por sete anos?

A rainha permanecia imóvel, apenas sorrindo levemente.

— Onde está essa mulher hoje? — disse a voz de Jorão, interrompendo. — E o menino? Eles ainda moram aqui nesta cidade, em Suném?

Vi-me caminhando por entre a audiência em resposta à sua pergunta e, antes que Geazi pudesse falar, afirmei:

— Aqui! Majestade! Eu sou essa mulher. Eu sou a sunamita de quem seu servo fala. Este é o meu filho que esteve morto, mas hoje vive.

Meu sangue corria rápido, fazendo minha cabeça latejar. O salão explodiu em grande agitação.

— É verdade! Sunamita! Menino! — gritou Geazi. Ele sorriu de orelha a orelha por trás das bandagens e achei que correria em nossa direção.

O rei acenou para dois cortesãos próximos a nós. Num instante, agarraram meus braços e quase me carregaram para frente. Habacuque, ainda segurando uma das mãos, foi puxado.

— Tragam a sunamita aqui. Quero vê-la de perto e ouvir de seus próprios lábios. Tragam-na até aqui — gritou Jorão.

— É esta a mulher? — perguntou ele a Geazi.

Meu antigo hóspede levantou uma das mãos.

— É ela, meu senhor! — disse Geazi com efusividade.

— É dela que eu falava, majestade! É esta a nobre mulher de Suném!

Jorão e sua mãe sentaram na ponta de seus tronos, inclinados para frente, olhando na minha direção e na de Habacuque.

— Aproxime-se, sunamita — o rei acenou para que eu fosse à frente. — Você também, menino. Cheguem perto para que possamos vê-los.

Meu filho e eu éramos agora uma peça de exibição.

— Então, foi em sua casa que aconteceu esse milagre de Eliseu, não foi? — dizia Jorão. Inclinado para frente, olhou-me diretamente nos olhos.

— Sim, majestade — curvei-me diante do trono e de sua corte.

— Então esta é a mulher cujo filho Eliseu restaurou — comentou Jezabel. Sua voz nos envolveu enquanto ela falava, mas foi mais uma reprimenda do que um comentário. Seus olhos flutuaram sobre mim, sorvendo meu corpo e minha face com interesse alarmante. Quando Jezabel voltou seu olhar para Habacuque, minha vontade foi de agarrá-lo e fugir daquela corte.

Habacuque, por outro lado, parecia maravilhado. Assistia a Jezabel enquanto ela o observava.

Ali estávamos nós, face a face. Duas mães e seus filhos. A filha do sumo sacerdote de Baal com o rei de Israel. A filha do Deus de Israel com o herdeiro de um nobre. Os dois assentados nas riquezas pareciam ter segurança em todos os aspectos da vida. Os dois diante deles nada tinham senão sua fé.

Atendendo ao pedido do rei e lutando contra um tremor na voz, contei como Javé havia operado miraculosamente por meio de Eliseu, realizando assim seus milagres em minha vida. Todas as vezes que eu mencionava Eliseu, via, de canto de olho, a profunda transformação no rosto da rainha. Essa sua reação de algum modo me fez imaginar que Eliseu ainda estava vivo e continuava sendo seu inimigo. Eu sabia que o veria de novo. Sorrindo por dentro, prossegui ainda mais audaciosamente com nossa história, o tempo todo imaginando como formularia o pedido em função do qual estávamos ali.

O rei questionou Habacuque, bisbilhotando em busca de alguma indicação sobre a vida depois da morte, e se do outro lado havia algum lugar cheio de medo e tormento. Como se o menino tivesse sido sentenciado a ir para tal lugar!

Então Jorão perguntou a Habacuque:

— Você quer alguma coisa mais?

— Ah, sim, majestade! — disse ele. — Viemos para recuperar nossa propriedade.

Prendi o fôlego diante da certeza de Habacuque. Ele continuou:

183

— Sou por direito o herdeiro das terras de meu pai, majestade. Quero levar minha mãe para casa.

Eu tremia de orgulho enquanto ele falava. Fora até lá para me colocar à mercê daquele rei, na esperança de que nos concedesse a herança de meu filho e a minha segurança. Mas o próprio Habacuque perguntara sobre nossas propriedades! O que o futuro tinha reservado para esse meu filho?

O rei Jorão voltou-se para o escriba sentado em silêncio na lateral do salão, que escrevia copiosamente nosso relato durante toda a entrevista e de vez em quando olhando para nós com certa admiração.

— Uma carta e meu selo — ordenou Jorão.

A multidão olhou para ele com ansiedade.

Será que me viram tremer levemente, esperando pelo decreto do rei? Qual seria o destino da mulher e de seu filho que haviam auxiliado o profeta que dera início e fim à fome em Israel?

— Escreva! — disse Jorão ao escriba. — Ao comandante da milícia do rei: Por ordem do soberano de Israel, a partir deste dia, a sunamita e seu filho...

Fiquei em total suspense. Nosso destino seria decidido nas próximas palavras que o rei pronunciaria. Eu estava imóvel como uma pedra.

Então Jorão levantou sua mão.

—... terão todas as suas propriedades de volta! Sele a carta com meu nome.

Os olhos de Geazi encontraram os meus. O servo estava tão surpreso quanto eu. A providência de minha aparição fizera que ele caísse nas graças da audiência, acima de qualquer coisa que já fizera. Seu favor aqui criara a oportunidade para o meu pedido. Curvei a cabeça confirmando a história que Geazi compartilhara comigo, e juntos nos maravilhamos com o Deus de Israel.

— Então vocês estiveram na Filístia? — perguntou-me o rei enquanto o escriba concluía seu trabalho.

— Estivemos sim, majestade.

— E o que achou de lá?

— Não é como Israel, majestade. Não é como Suném.

— Quanto tempo durou sua jornada, sunamita? — continuou Jorão.

— Sete longos anos — disse-lhe.

Jezabel sorriu.

— Que providencial para você — disse ela, em voz baixa. Seus dentes brilhavam, retos e brancos, por entre os lábios pintados. — A duração do período de fome aqui.

Jorão riu.

— E sua providência continua, minha nobre senhora — disse ele. — Ressarcirei você pelo uso de sua terra e de sua casa.

O rei chamou o comandante ao seu lado e disse:

— O tesouro do rei reembolsará a propriedade dessa nobre senhora por todos esses sete anos. Dê ordens para que um acompanhante garanta que ela e seu filho voltem em segurança a Suném com todas as suas posses.

Nossa terra, nossa casa e sete anos de aluguel!

Todos os presentes na corte aplaudiram e comentaram a retidão e a generosidade do rei. O comandante curvou-se enquanto eu via estrelas e desejava que meus joelhos se mantivessem firmes. O primeiro milagre que Deus operara em meu favor gerara, por sua vez, um segundo milagre e, agora, um terceiro: a restauração de tudo o que havíamos perdido.

185

O filho que eu abraçara abraçaria sua herança. Voltaríamos a possuí-la, juntamente com uma indenização do tesouro real, restaurando a casa e as terras à situação em que elas estavam em seus melhores dias.

Como eu gostaria que Joctã tivesse vivido para ver isso!

Nosso filho falou mais uma vez, aprumando os ombros para assumir a responsabilidade que seu pai lhe dera.

— Obrigado, majestade — disse ele, fazendo uma reverência. Virou-se então para a rainha. — Obrigado, senhora.

Por fim, virou-se para mim.

— Mamãe, vamos para casa.

Nos dias que se seguiriam, Eliseu ficou sabendo de nossa volta e retornou a Suném. Ficaria no nosso telhado, no cômodo que construíramos para ele, o quarto dos milagres. Contaríamos um ao outro tudo o que nos ocorrera. Eliseu veria Habacuque crescer e, um dia, abençoaria seu casamento, e eu veria meus netos.

No espaço de um ano, Jorão encontraria seu fim nas mãos de seu sucessor, Jeú, conforme profetizado por Eliseu. Tudo isso ocorreria na mesma vinha que o rei Acabe roubara de Nabote. Do mesmo modo, Jezabel teria um fim triste, bem como sua filha, rainha em Judá. Durante um tempo, haveria um afastamento de Baal e um retorno ao Deus de Israel.

Haveria uma geração, outra e mais outra para encher a casa de Suném, onde um cômodo fora construído para o servo do Senhor. Demos as boas-vindas ao ungido do Senhor, e o Senhor recompensou nossa hospitalidade! Fornecemos um lugar de segurança para que seu mensageiro viesse e descansasse, e Deus abriu meu ventre estéril. Vivemos vidas de serviço dedicado a seu mensageiro, e Deus enviou seu sopro para levantar nosso filho dos mortos. Pusemos a mesa para o mensageiro de Deus, e Deus nos concedeu provisão na presença de nossos inimigos durante a fome. Demos ao seu mensageiro um lugar de honra, e Deus me deu um lugar diante dos reis.

Abrimos espaço para ele. Ele realizou milagres para nós.

E nós ouvimos...

Que coincidência! Aqui está Geazi, contando ao rei os milagres ocorridos com a sunamita, exatamente no momento em que ela e seu filho chegam depois de uma jornada de sete anos! O que o rei poderia fazer senão olhar para aquele menino que, agora, estava com cerca de 12 ou 13 anos e dizer: "Essa é a criança que foi criada num ventre estéril e depois ressurgiu dos mortos? Tudo bem, aqui está a sua herança. Receba sua casa de volta, suas terras e, a propósito, vamos pagar a vocês o aluguel dos últimos sete anos"?

Você consegue enxergar o que pode acontecer quando abre espaço para a Presença? A sunamita era estéril... seu único filho morreu... eles enfrentaram as dificuldades da fome... sua propriedade foi confiscada. Contudo, todas as suas necessidades foram atendidas.

Costumamos concentrar-nos numa preocupação em particular e dizer "Preciso de vitória aqui", enquanto o Senhor quer que entendamos algo mais. Sim, ele quer que recebamos aquele milagre, mas, se pararmos aí, vamos perdê-lo. Quando abrimos espaço para a Presença, o bálsamo de Gileade desce e traz glória avivada para *toda* necessidade. Como instrumentos da glória, aprendemos que um milagre é a semente para muitos outros. Vamos dizer de novo: *Um milagre de Deus é tão magnífico que contém dentro de si a vida e a semente para muitos outros milagres!*

Este é um importante princípio bíblico: à medida que formos fiéis com aquilo que Deus nos dá, ele costuma dar ainda mais. Quanto mais comunhão você tiver com Jesus, mais estará em sintonia com seu poder miraculoso. É como acontece com qualquer um dos dons. Você não sai por aí dizendo: *Preciso ter uma palavra de conhecimento*. Ela simplesmente estará presente. A mesma Presença que lhe dá discernimento, profecias e palavras de conhecimento não se limita a apenas um milagre.

Suba mais alto

A sunamita caminhou por esse reino da possibilidade. Ela não era jogada de um lado para outro a cada nova tempestade. Nessa parte de sua história, ela volta após sete anos e descobre que sua segurança fora tomada por outros. Havia pessoas estranhas vivendo em sua casa, trabalhando em sua terra. O que essas pessoas lhe dizem? Vá até o rei.

O que isso nos diz hoje? Suba mais alto.

Ora, vamos entender melhor o que isso significa. Não se trata de chegar ao mais complicado, ao mais difícil, ao mais etéreo. Não é um conhecimento secreto. Não é para os poucos ungidos que "realmente entendem". Quanto mais alto você chegar em Deus, mas simples serão as coisas. A unção deve ser algo suficientemente simples para que até uma criança entenda.

Neste tempo, o Senhor está restaurando a porção dobrada da unção da Igreja. João nos diz, em Apocalipse, que viu uma coisa nova. A mensagem era: "Subam, subam mais alto. Quero lhes mostrar uma coisa". Agora é a hora de a Igreja ir para o próximo nível — em sua capacitação e em sua operação.

A Igreja é o Eliseu deste momento. Eliseu pediu e recebeu uma porção dobrada da unção de seu mentor, Elias. Do mesmo modo, herdamos de Jesus a unção da porção dobrada, e isso nos capacita a soprar a palavra viva sobre coisas mortas, como fez Eliseu. Jesus nos disse para irmos ao mundo e pregarmos as boas--novas. Você é emissário de Jesus, levando a palavra mediante a qual o estéril se torna frutífero e as coisas mortas ao redor ganham vida. Deus quer que você seja um vaso da porção dobrada. Onde está o Espírito do Senhor, ali há liberdade e bênção. Seus filhos chegarão, suas dívidas serão pagas. Será como o ano do jubileu na Bíblia. Há muitas nações que precisam desesperadamente que Deus as restaure. Num sentido, se não procurarmos o reavivamento por meio do arrependimento, nossos filhos serão mantidos presos ao cativeiro das dívidas, da perda da moralidade e da morte da esperança. Aqueles que não cuidarem da porção dobrada, que a rejeitarem e forem atrás de outros deuses, certamente secarão. Ficarão estéreis física, econômica e socialmente. Onde a porção dobrada não for bem-vinda, o resultado será a opressão. As nações ocidentais estão percebendo isso. Mas existe um remédio. Veremos ressurreição e restauração em todo lugar onde recebermos o nome de Jesus e abrirmos espaço para o Espírito Santo. Veremos milagres extras.

Milagres extras

Apenas algumas semanas atrás, eu, Mahesh, recebi uma ligação telefônica de um pastor desesperado, um amigo muito próximo. Ele me disse que uma adolescente muito querida de sua igreja passava por uma crise física. Seu fígado estava falhando e ela estava morrendo. Um transplante de fígado era uma possibilidade remota. Ele perguntou se eu tinha alguma palavra do Senhor sobre essa situação.

Em intercessão, entrei na glória, a *shekinah*, em favor daquela família e do pastor que os amava. A densa Presença da glória é quase como uma bolha. Através do sangue de Jesus, temos permissão de entrar na porção dobrada. Ao nos vermos no meio de um desafio, é comum entendermos que fomos postos ali para mudar a equação. Podemos entrar naquela Presença e levar a vibração da glória à situação ao nosso redor.

Assim, entrei naquela esfera e ali permaneci, creio eu, por vinte e seis horas. Eu continuava realizando minhas atividades corriqueiras, mas meu espírito estava envolvido na atividade celestial. Eu estava conectado a Deus, honrando sua presença e levando aquela moça preciosa diante de seu trono. De repente, emergi e, quando saí, estava com o Senhor. Eu o ouvi dizer: *Está feito. Ligue para a família*. Peguei o telefone e disse ao pastor: "Está feito. O Senhor disse que a garota está fora da crise agora".

No dia seguinte, os médicos declararam à família: "Isso é um milagre. Não sabemos o que mudou, mas ela vai viver. Ela não precisa mais de um transplante de fígado".

Esses são os milagres extras. Quando saí da esfera da glória, tinha não apenas a palavra para sua cura, mas também o conhecimento do propósito de Deus para a vida dela. Disse à mãe que contasse a sua filha o que o Senhor me havia mostrado sobre a vida dela. A jovem já se havia envolvido em várias confusões, tendo uma crise em sua alma. Na glória estava a definição e o propósito de Deus para sua vida. Pude dizer: "Seu destino é tal e tal".

Nós bendizemos os médicos. Eles são nossos amigos, não nossos inimigos. Mas o simples fato de um médico apresentar um diagnóstico terrível não significa que você deve aceitá-lo. Você está ali para mudar a equação, para mudar a atmosfera. Se crermos em Jesus Cristo, podemos trazer a presença do Espírito, a glória *shekinah*, e ela muda tudo.

Assim, entramos naquele reino, naquela esfera, atrás não apenas de um milagre — a cura — mas de milagres extras. É como a história de Ana. Ela orava pedindo um filho, mas Deus tinha algo mais para ela. É comum orarmos assim: "Senhor, peço-te que me cures nesta área". Contudo, Deus deseja que prossigamos do estágio 1 para o estágio 2, para o 3, para o 4 e o 5. Deus não queria dar a Ana apenas uma resposta à sua esterilidade, mas também queria fornecer a Israel um profeta, Samuel. Por intermédio do filho milagroso de Ana, toda a nação seria abençoada. Nela estava a semente de literalmente centenas de milagres.

Pense também em Maria. A concepção de Jesus foi um milagre que, por sua vez, gerou milagres extras, pois nem mesmo a soma de todo o tempo e espaço pode conter os milagres que foram e serão realizados por aquela santa Criança.

Venha o que vier da Palavra, pegue, entre. As palavras *Eu sou o Senhor que te cura*, por exemplo, contêm toda uma galáxia. Você pode entrar nelas e encontrar cura para diabetes, paralisia, autismo e diferentes tipos de câncer. A Igreja precisa voltar ao lugar no qual honramos a Palavra de Deus. Ao orarmos, Deus deseja responder aos nossos problemas imediatos. Mas ele também quer satisfazer certas necessidades do Reino através da resposta à nossa oração. Ele quer dar-nos milagres extras. Somos seus embaixadores do céu. Podemos entrar em sua Presença e carregar uma vibração de sua glória que muda qualquer equação. Peça a Deus que o ajude a ter uma visão mais elevada. Você pode sair da sua provação melhor do que nunca, mais ungido do que jamais foi. Simplesmente permaneça na glória. Deus quer usar essa situação para levá-lo de glória em glória.

Poder na glória

Quanto mais amar a Jesus, mais você reconhecerá a glória do Senhor. Essa glória, a Presença da unção do Espírito Santo, fica cada vez mais intensa em sua vida à medida que você aumenta sua intimidade com Jesus ao amá-lo e adorá-lo. Há poder na glória pelo fato de ela ser energizada pelo sopro de Deus. Depende do abismo dentro de você querer conectar-se ao abismo do Senhor. Se você o receber, um abismo chama outro abismo e existe uma explosão de poder miraculoso. Ao contemplar a glória do Senhor, somos transformados de glória em glória. Deus nos transforma. Ele nos leva de um nível, seja ele qual for, para outro nível de glória.

Este é o lugar onde os milagres acontecem. Você pode declarar esse poder a uma pessoa ou a uma situação. Pode até mesmo declará-lo sobre animais, como já vimos. Se a unção estiver ali, você pode falar. Quanto mais amar a Jesus, mais intensa ficará essa glória.

Um segredo da glória é a honra. As Escrituras chamam a honra devida ao Senhor de "temor do Senhor". Nós o reconhecemos como o Rei da glória. Nós o amamos. Nós o adoramos e somos íntimos dele. Ao mesmo tempo que ele é nosso amigo mais querido e mais fiel, também é o Rei dos reis. Ele é nosso companheiro, mas não nosso "colega". Lemos em Salmos 34.11: "Venham, meus filhos, ouçam-me; eu lhes ensinarei o temor do Senhor". A primeira coisa que Deus ensina àqueles que ouvem sua voz é a honra a Deus. A cultura moderna perdeu todo senso de honra por qualquer coisa. Mas aqueles que entram no Reino da glória, onde habitam os milagres de Deus, aprendem a temer a Deus, sua Palavra, sua presença e sua obra. A manutenção desse senso de maravilha reverente cultiva a atmosfera dos milagres. Tudo se curva em temor ao Senhor diante da menção de seu nome.

Ao fazer dele Rei em nosso coração, sua autoridade flui e enche a atmosfera ao nosso redor. Se cremos que o final dos tempos se aproxima, e se estamos realmente vendo o cumprimento das profecias bíblicas sobre o fim dos tempos, então devemos crer que Jesus, o Salvador ressurreto, o Cristo, o Messias, o Deus vivo, o Rei da glória, retornará em breve.

Isso também significa que a Igreja será vista em toda a sua glória, pois o Noivo está vindo em busca da Noiva sem mácula nem ruga para com ela casar. Assim, conforme vier o Rei da glória, sua Noiva será igual em glória. Quanto mais reconhecermos, portanto, que a Noiva somos nós, mais desejaremos abrir espaço para a glória de Deus em nosso coração. Isso é importante porque este é o tempo em que a Igreja terá a resposta para todas as necessidades da humanidade sofredora. Teremos a chave, como Isaías 60.1-3 declara:

> Levante-se, refulja!
> Porque chegou a sua luz,
>   e a glória do Senhor raia sobre você.
> Olhe! A escuridão cobre a terra,
>   densas trevas envolvem os povos,
> mas sobre você raia o Senhor,
>   e sobre você se vê a sua glória.
> As nações virão à sua luz
>   e os reis ao fulgor do seu alvorecer.

Essa é uma palavra profética para a Igreja dos últimos dias. As trevas cobrem a terra. Existem aqueles que chamam o bem de mal e o mal de bem. Mas os que caminham na luz crescerão no fruto do Espírito andarão no poder da ressurreição e clamarão por milagres.

Graças a Deus por estarmos sendo conformados à imagem de Jesus! Graças a Deus porque ele faz separação entre carne e espírito, entre santo e imundo, entre luz e trevas. Saudamos a chegada do Espírito, o sopro vivo que limpa e nos santifica para que sejamos a Noiva sem mácula nem ruga.

Nos dias futuros, quando enfrentarmos esterilidade, receberemos a palavra que traz esperança a nosso coração. Quando nossas promessas parecerem mortas, nós nos apegaremos ao Doador da vida. Quando as perdas terrenas ameaçarem vencer-nos, olharemos com confiança para o Rei da glória. Devemos aceitar a palavra que Deus nos dá, mesmo que seja uma pequena orientação, e permanecer fiéis a ela. No tempo e na época certos descobriremos que a unção de Deus se manifestará em milagres de cura e em sinais e maravilhas por nosso intermédio.

Estamos debaixo do umbral de uma porta aberta. O derramar do sangue de Cristo abriu o caminho para que entrássemos no lugar dos milagres por causa de sua Presença e sua glória. Um caminho vivo e novo através de seu sangue nos dá entrada ao trono do Pai. Bata na porta. Entre na glória. Convença-o a vir à sua casa. Que a promessa crie raízes em seu ser espiritual.

Se você abrir espaço para que Deus venha, descobrirá, como a sunamita, que a Palavra descerá do céu com o seu milagre.

E muito mais.

Mahesh e **Bonnie Chavda** servem juntos num ministério de tempo integral há mais de trinta anos, alcançando as nações com o evangelho acompanhado de sinais e maravilhas. Centenas de milhares encontraram a salvação, e milhares receberam cura de doenças críticas como aids e câncer por meio de seu ministério. Muitos desses milagres foram documentados por médicos, incluindo curas de câncer em estágio terminal; curas de aleijados, surdos e cegos; e a ressurreição dos mortos de um menino de 6 anos de idade.

Por meio do programa de televisão intitulado *The Watch* [*A Sentinela*], produzido pelo Ministério Mahesh Chavda, Mahesh e Bonnie alcançam uma audiência potencial de um bilhão de lares todas as semanas com a mensagem salvadora de Jesus. Também capacitam cristãos a caminhar no poder e na unção do Espírito Santo. Traduzido para o árabe e o farsi, *The Watch* é transmitido por todo o Oriente Médio e tem causado profundo impacto nas nações que fazem parte da região crítica da janela 10/40.

Mahesh e Bonnie já escreveram 12 livros, incluindo *Storm Warrior* [*O guerreiro da tempestade*, no prelo por Editora Vida] e *O poder secreto da oração e do jejum*. Juntos, os dois pastoreiam a All Nations Church em Charlotte, Carolina do Norte, e em Atlanta, Geórgia. Também lideram um movimento mundial de oração chamado "A sentinela do Senhor", por meio do qual têm conduzido sua congregação semanalmente em oração conjunta por mais de uma década.

Leia também...

O poder secreto da oração e do jejum

MAHESH CHAVDA

Deus tem uma maneira de transformar derrotas em vitórias e fortalezas demoníacas em caminhos de amor e poder. Quando você enfrentar a derrota, *O poder secreto da oração e do jejum* lhe dará poder para liberar o Espírito Santo em seu interior!

Seja problema físico, seja financeiro ou familiar, Mahesh Chavda enfrentou vitoriosamente esses ataques e viu o poder de Deus ganhar cada batalha.

O estilo de vida de Mahesh Chavda é marcado pelo jejum e pela oração, por isso inspira você a lutar o bom combate, e Deus lhe dará a solução.

Traga a glória de Deus para sua vida, igreja, cidade e nação por meio do poder secreto da oração e do jejum.

MAHESH CHAVDA é fundador e pastor sênior da Igreja All Nations em Charlotte, na Carolina do Norte. Mahesh, evangelista internacional, e sua esposa, Bonnie, levaram mais de 70 mil pessoas a Cristo ao redor do mundo. Ele também supervisiona o movimento mundial de oração Watch of the Lord e é conferencista. Sua família reside em Charlotte, Carolina do Norte.

Esta obra foi composta em *Revival 565 BT*
e impressa por Imprensa da Fé sobre papel
Offset 63 g/m² para Editora Vida.